한국정치의 안과 밖

그 허상과 반칙을 넘어서

한국정치의 안과 밖
그 허상과 반칙을 넘어서

정웅교 지음

– 한국정치의 허상과 반칙을 넘어서 –

　　글을 쓴다는 것은 자신의 가치관과 철학, 그리고 지식 등 자신의 전부를 드러내는 것이나 다름없기에 결코 쉬운 일이 아니며 어쩌면 두렵기조차 한 일일 것입니다.

　　그럼에도 용기를 내어 이 책을 출간하기로 한 것은, 오늘을 살아가는 한 사람으로서 우리 시대 상황, 특히 한국정치에 대한 나름의 인식과 고민을 여러 사람과 공유하고 토론하는 과정을 통하여 한국정치의 허상과 반칙을 혁파하여 정치발전의 계기를 만드는 데 조금이라도 보탬이 되었으면 하는 소망을 가지고 있기 때문입니다.

　　가급적 중립적 입장에서 사안을 바라보며 글을 쓰려고 노력하였으나 저도 모르는 사이에 편견이 들어가거나, 좁은 식견과 학문적 미성숙으로 인하여 다소 모순과 오류, 그리고 객관성의 결여와 논리의 비약이 있을 수 있음을 솔직하게 고백하지 않을 수 없습니다.

　　이와 관련하여 독자들께서 솔직하고 예리한 지적과 비평을 해주신다면 겸허하게 받아들일 마음의 준비가 되어 있음을 밝힙니다.

제가 2010년 5월부터 그해 10월까지 매주 1회 안산인터넷뉴스와 서부뉴스에 기고한 칼럼 20여 편 중 1년 6개월이 지난 현시점에서 봤을 때 시의성이 떨어지는 글들을 제외한 나머지 17편의 글, 2010년 가을부터 2011년 봄까지 여의도연구소 비전위원회 자문위원으로서 한나라당 정강·정책 검토 작업을 하면서 생각했던 글, 그 밖에 틈틈이 써놓았던 글들을 묶어서 이 책을 만들었습니다.

이 책은 총 3부로 구성하였으며, 23편의 글들을 실었습니다.

'제1부 한국정치의 실상과 허상'은 한국정치 및 한국사회의 현안과 복지정책 등에 관한 12편의 글로 이루어졌습니다.

'제2부 한반도 정세와 국제관계'는 남북 간 현안과 일본·중국 등 동북아 정세에 관한 7편의 글로 이루어졌습니다.

'제3부 사색의 편린'은 서평과 에세이 등 가벼운 주제로 된 4편의 글로 이루어졌습니다.

앞으로 기회가 된다면, 정치평론집을 시리즈로 계속 출간할 예정이며, 그런 취지에서 이번 책을 '정웅교 정치평론집 1'로 삼았습니다.

이 책이 출간되기까지 많은 분으로부터 직·간접적으로 도움을 받았습니다.

연세대학교 정외과 양승함·김기정·진영재·서정민 교수님, 한견우 법학전문대학원 교수님, 김재엽 사회복지대학원장님, 이화여자대학교 진덕규 명예교수님, 경북대학교 배양일 사회과학연구원장님, 세종연구소 이대우 수석연구위원님 등 여러분께 깊이 감사드립니다.

또한 제 졸저의 출판을 쾌히 응해주신 한국학술정보(주) 관계자분과 제 칼럼을 실어준 안산인터넷뉴스 김균식 대표, 그리고 오늘의 제가 있기까지 저에게 많은 도움을 주고 계시는 여러 선배님들, 친구들, 후배들에게도 감사드립니다.

장남 정의성은 제가 쓴 글이 어법상 문제가 없는지를 자주 조언해주곤 하였는데, 신성한 국방의무를 다하고자 서울대학교 국문과 2학년을 마치고 엄동설한인 지난 2011년 12월 27일 군에 입대하여 현재 22사단 신병교육대에서 열심히 훈련을 받고 있습니다.

그런 자랑스럽고 그립고 사랑하는 장남 정의성과 워드프로세스 등 컴퓨터 작업을 많이 도와주는 차남 정의동에게 항상 미안하고 고맙다는 말을 전합니다.

2012년 1월 서재에서
한반도의 평화, 서민의 복지, 사회의 행복공동체 실현을 꿈꾸면서
정웅교

차례

Korean Politics

제1부
한국정치의 실상과
허상

I. 現 여당 내부 갈등의 특수성과 정당사적 배경

우리나라 현대 정당사에서, 현재의 집권 여당인 한나라당이 겪고 있는 내부 갈등은 과거 그 전례가 없는 특수성을 가지고 있다. 그 특수성의 원인과 배경을 살펴보는 것도 재미있는 주제인 것 같다.

- 과거 여당 내부 갈등사 -

이승만 대통령, 박정희 대통령, 전두환 대통령 시절의 여당인 자유당, 공화당, 민정당에 관해서는 이 글에서 생략하고, 대통령 직선제와 민주주의가 정착되기 시작한 노태우 대통령 시절의 민주정의당(민정당)부터 현재의 한나라당까지 살펴보기로 한다.

전두환 대통령은 우여곡절 끝에 노태우 민정당 대표위원을 자신의 후계자로 삼기로 결심하고 1987년 4월부터 본격적으로 노태우 대표위원을 차기 대통령 후보감으로 조기부상 작업에 착수한다. 그리하여 1987년 6월 10일 서울 잠실실내체육관에서 민정당 제4차 전당대회를 열고 당의 중앙집행위원회가 앞서 제청한 노태우 대표위원을 대의원 7,378명의 무기명비밀투표에 의해 차기 대통령 선거 민정당 후보로 공식 선출하게 된다.

그 후 6·29선언과 직선제개헌을 거쳐 1987년 12월 16일 노태우 후보가 대통령에 당선된다. 노태우 대통령이 총재인 민정당 내부에는 전두환 전 대통령을 추종했던 세력이 초기에는 상당히 많이 있었다. 그러나 그 세력은 전두환이라는 과거 권력을 구심점으로 한 것이었기 때문에 시간이 흐를수록 그 힘은 약해질 수밖에 없었다. 그리고 전두환 전 대통령 본인과 친인척 비리가 서서히 들추어지면서 그 세력은 현격히 힘을 잃게 되었다. 전두환 전 대통령의 1988년 11월 23일 백담사 행과 25개월 동안의 은둔 생활, 1988년 중반기부터 1989년 봄까지의 국회 5공비리특별위원회 청문회 및 5·18광주민주화운동진상조사특별위원회 청문회를 거치면서 민정당 내 5공세력(전두환 세력)은 거의 힘을 잃게 되면서 노태우 정권은 적어도 여당 내부에서만큼은 큰 갈등이 사라지게 되어 여당이 안정적으로 갈 수 있었다.

여소야대 현상을 타파하기 위하여 1990년 1월 22일 민주정의당(민정당), 통일민주당(민주당), 신민주공화당(공화당)이 3당 통합을 선언하고 민주자유당(민자당)을 창당하면서 여당인 민자당은 당내에 민정계, 민주계. 공화계라는 3개 계파에 의한 갈등이 생겨나기 시작하였다. 특히 향후 대선을 앞두고 대선후보가 누가 될 것인가에 따른 민정계와 민주계의 갈등은 치열했다. 여기서의 핵심은 김영삼 민자당 대표최고위원이 차기 대통령 후보가 되느냐, 그리고 노태우 대통령을 정점으로 한 민정계가 김영삼을 미느냐 여부였다.

민자당 내 지분이 30%밖에 되지 않는 민주계의 수장 김영삼으로서는 50%의 지분을 가지고 있는 민정계의 수장이며 민자당 총재인 노태우 대통령과 교감하며 환심을 사려고 노력하는 편이었기 때문에, 당내에 계파 갈등이 있었지만 그것이 노골적으로 표출되거나 노태우 대통령에게 직격탄을 날리는 정도는 아니었다. 김영삼 대표는 비주류로서 어느 정도 소외와 수모도 감수하면서 대통령 후보가 되는 그날까지 인내하는 전략을 견지했다.

내각제 합의 비밀문건의 언론 유출을 계기로 김영삼 대표가 이에 반발하며 당무를 거부하는 파동을 거치는 등 많은 우여곡절을 겪고서 1992년 5월 김영삼 대표가 민자당 대통령 후보 경선에서 민정계의 이종찬을 누르고 대통령 후보로 선출되고 그해 12월 19일 대통령에 당선되었다.

김영삼의 경쟁자이던 이종찬은 대선 전에 탈당하여 정주영 통일국민당 대선후보를 지지하게 되었으며, 김영삼의 반대편에 섰던 민정계 관리자 박태준 최고위원을 비롯하여 박철언 의원 등 민정계 핵심 중진들이 김영삼이 대통령 후보에 선출되자 민자당을 탈당하게 된다. 이처럼 민자당 내 김영삼의 정적들이 대부분 탈당함으로써 김영삼 대통령은 5년 집권기간 동안 여당 내에서 민주계와 민정계 간 갈등, 김종필 공화계가 1995년 2월 민자당을 탈당하여 3월 30일 자민련을 창당하는 등 약간의 계파 갈등은 있었지만 대통령의 권위에 도전하는 등 극심한 계파 갈등은 없었다. 다만 임기 말기인 1997년 11월 이회창 신한국당 대통령 후보와의 갈등으로 신한국당을 탈당하게 된다.

김대중 대통령의 경우를 살펴보자. 김대중 대통령은 1992년 12월 18일 대통령 선거에서 김영삼 후보에게 패배한 직후 정계 은퇴 선언을 하고 영국에 몇 년간 체류하다가 귀국하여 정계복귀를 은밀하게 준비해왔으며 드디어 1995년 7월 18일 정계복귀 선언을 하고 자신의 세력들을 제1야당인 민주당(총재 이기택)에서 탈당시키고 그해 9월 5일 새정치국민회의(2000년 1월 20일 새천년민주당으로 당명 변경)를 창당하고 총재가 된다.

그 후 김대중 총재는 1997년 당내 대선후보 경선에서 정대철을 압도적으로 누르고 대통령 후보가 되었으며 DJP연대(연합 · 단일화)로 그해 12월 18일 한나라당의 이회창 후보를 누르고 대통령에 당선된다.

김대중 대통령 5년 임기 동안 당내 계파 갈등은 거의 없었다. 주류와 비주류가 있을 뿐이었다. 김상현과 정대철은 김대중 대통령의 경쟁자 또는 정적의 수준은 아니었고 단지 작은 세력을 가지고 있는 비주류에 불과했다. 당내에서 그의 권위에 도전하거나 갈등을 일으키는 것은 공천을 못 받는 등 정치생명이 끝나는 것을 의미하기 때문에 그는 제왕적 총재이며 대통령이었다. 김대중 대통령도 임기 9개월을 앞두고 2002년 5월 아들들의 비리연루 등 여러 사정으로 새천년민주당을 탈당하게 된다.

새천년민주당(민주당) 대통령 후보 경선은 2002년 3월 9일부터 4월 27일까지 시도별로 투표가 실시되었는데 이인제 후보가 1등을 할 것이라는 당초 예상을 뒤엎고 노무현 후보가 돌풍을 일으키며 1등으로 앞서나가자 2등을 하고 있던 이인제 후보가 경선 후반부에 음모론을 제기하며 후보를 사퇴하였다. 이외에도 한화갑, 김근태 등 4명이 중도에 사퇴하고 노무현과 정동영 둘만 완주하여 노무현 후보가 최종 누게 72.2%, 정동영 후보가 27.6% 득표하여 노무현 후보가 압승으로 대통령 후보에 선출된다. 정동영은 경선 완주를 하였지만 노무현에 비해 정치적 위상과 세력 면에서 상대가 되지 않았다. 노무현 후보의 최대의 정적인 이인제는 경선 후 민주당을 탈당한다.

2002년 12월 19일 대통령 선거에서 민주당 노무현 후보가 한나라당 이회창 후보를 누르고 대통령에 당선된다. 노무현 대통령은 2003년 2월 25일 대통령 취임 이후, 민주당 내에 비록 이인제와 같은 거물 정적은 없었지만 자신을 적극적으로 따르는 의원 수보다 한화갑 등 비주류 의원 수가 훨씬 많아 국정을 주도적으로 끌고 가는 데 어려움에 직면하였다. 이에 그는 민주적인 전국정당을 창당한다는 명분 아래 민주당 내 자신을 지지하는 국회의원들을 탈당시켜 새로운 여당 창당 작업에 들어간다.

드디어 2003년 11월 11일 새로운 여당인 열린우리당이 창당되었으며 민주당 출신 40명, 한나라당 출신 5명, 개혁신당 출신 2명 등 총 47명의 국회의원을 가진 원내 제3당의 여당이 되었다.

열린우리당은 2004년 4월 15일 17대 총선에서 노무현 대통령 탄핵 역풍으로 제1당인 한나라당을 꺾고 원내 과반의석인 152석을 얻어 압승하였고 한나라당은 121석을 얻었다. 노무현 대통령 탄핵 덕분에 여당이 압승했기 때문에 여당 내에서 노무현 대통령의 권위와 영향력은 압도적이었고 그의 권위에 도전하거나 당내 계파 갈등은 거의 일어나지 않았다.

2006년 6·3지방선거에서 열린우리당이 참패한 후 열린우리당이 재집권할 가능성이 낮아지자 2007년 12월 대선을 앞두고 2007년 2월 6일 김한길 전 원내대표 등 23명의 국회의원이 탈당하는 것을 시작으로 열린우리당은 분당에 이르게 되었고, 2월 22일 노무현 대통령이 여러 요인에 의해 자의 반 타의 반으로 열린우리당 탈당을 선언한다. 2007년 8월 5일 대통합민주신당이 창당되고 그해 8월 20일 열린우리당과 다시 합당하여 원내 제1당이 되었고 정동영이 대통령 후보로 선출되고 12월 19일 대선에서 패배하게 된다.

– 현 여당 내부 갈등의 배경 –

한나라당은 2007년 8월 20일 한나라당 대통령 선거 후보 선출 전당대회에서 이명박 경선후보가 박근혜 경선후보를 2,452표 차 (1.5% 포인트 차)로 박빙의 승리를 하였다. 박근혜 경선후보는 경선 결과에 깨끗하게 승복한다고 했고 대선과정에서도 이명박 대통령 후보를 열심히 도왔고 12월 19일 대통령 선거에서 이명박 후보가 압승으로 대통령에 당선되었다.

문제는 그 이후였다. 앞에서 살펴보았듯이 노태우, 김영삼, 노무현 대통령 시절 모두 여당에서 대통령 후보 경선 시 강력한 경쟁자들이며 정적이었던 사람들이 대부분 탈당하였거나, 김대중 대통령 시절처럼 아예 여당 내에 경쟁자가 존재하지 않았기 때문에 당내 갈등이 그렇게 심각하지 않았고, 대통령의 국정운영과 정책추진이 당내 비주류 또는 반대세력에 의해 제동이 걸린 적이 없었다.

반면에 이명박 대통령은 여당 내에, 소위 친이명박계와 그 대척점에 친박근혜계라는 대선후보 경선 시 각축전을 벌였던 강력한 세력이 엄존하고 있다. 이명박 대통령을 정점으로 하는 친이계는 '현재의 권력'이며 시간의 흐름에 따라 그 권력이 약화되기 마련이며, 박근혜를 정점으로 하는 친박계는 '잠재적 미래의 권력'으로 2012년 대선이 가까워질수록 그 권력이 강화되는 성격을 지닌다. 이러한 여당 내의 양대 계파 갈등 구도는 앞에서 지적하였듯이 우리 정당사상 처음 겪는 경험이기 때문에 내부 갈등을 관리하고 치유하는 방법이 미숙하고 많은 시행착오를 겪고 있는 것이다.

여당의 계파 갈등은 국민을 불안하게 하고 안정적인 국정운영에 장애요인이 된다. 여당의 계파 갈등이 국민에게 눈살을 찌푸리게 하지 않으면서 정책적으로 선의의 경쟁을 통하여 여당의 경쟁력을 높여갈 수 있도록 여당 구성원들이 그 해법을 찾아서 실천해야 할 것이다.

(2010. 8. 8, 「안산인터넷뉴스」· 「서부뉴스」 '정웅교 칼럼')

Ⅱ. '박근혜 대세론'과 '박근혜 불가론'의 배경, 그리고 '불가론' 극복을 위한 제언

박근혜 전 대표의 차기 대권가도와 관련하여 그가 대통령이 반드시 될 것으로 굳게 믿거나 또는 대통령이 되기를 학수고대하는 입장인 '박근혜 대세론' 또는 '박근혜 대망론'이 있다. 한편 일각에서는 그가 대통령이 될 가능성이 희박하다고 생각하거나 또는 대통령이 되어서는 아니 된다는 입장인 '박근혜 비관론' 또는 '박근혜 불가론'이 있다.

– '박근혜 대세론'의 배경과 논거 –

'박근혜 대세론'의 입장을 먼저 살펴보기로 하자. '박근혜 대세론'의 배경과 논거에는 몇 가지가 있다.

첫째, 박 전 대표에게는 고인이 된 박정희 전 대통령과 육영수 여

사라는 타의 추종을 불허하는 큰 정치적 후광과 정치적 유산이 있다.

우리나라는 1948년 정부가 수립된 이후 현재까지 이승만, 윤보선, 박정희, 최규하, 전두환, 노태우, 김영삼, 김대중, 노무현, 이명박 대통령 등 10명의 대통령이 있었다. 역대 대통령 대부분은 평범한 서민의 가정에서 태어났으며 일부는 경제적 여유가 있는 가정에서 태어났으나 부모의 후광을 입을 정도는 아니었다. 그리하여 본인이 자수성가하고 산전수전 겪은 연후에 대통령 자리에 올랐던 것이다. 이에 비하여 박 전 대표는, 비록 민주주의를 후퇴시켰다는 비판도 많지만 한국 근대화와 산업화의 초석을 다졌고 오늘날 세계 10위에 근접한 경제력을 가진 한국을 있게 함으로써 많은 국민으로 하여금 '박정희 향수'에 깊이 빠져들게 하는 박정희 대통령의 딸이고, 1975년 8월 15일 비명에 간 육영수 여사를 대신해서 1979년 10월 26일까지 4년 2개월 동안 퍼스트레이디(국모) 역할을 무난히 수행하였다.

우리 국민에게는 박정희 대통령 못지않게 '육영수 여사 향수'가 아직도 상당히 남아 있다. 정갈한 머리에 단아한 한복을 입고 늘 미소를 머금고 있던 육영수 여사는 우리 국민 대다수에게는 포근하고 따뜻한 모성애를 느끼게 하며 힘들었던 시대를 살아가는 사람들에게 마음의 안식처였으며 진정한 의미의 국모였다. 이러한 육영수 여사 이미지와 박근혜 전 대표 이미지가 오버랩되어 우리에게 다가온다.

앞에서와 같은 박정희 대통령과 육영수 여사의 후광과 정치적 유산이, 오늘의 정치인 박근혜가 국민으로부터 흠모와 지지를 받는 가장 중요한 원동력으로 작동하고 있다.

둘째, 박 전 대표는 그동안 괄목할 만한 정치적 업적을 쌓았다는 평가이다.

　박 전 대표는 17대 총선을 앞두고 2004년 3월 노무현 대통령 탄핵 역풍으로 위기에 처한 한나라당의 대표로 선출된 후 총선을 성공적으로 진두지휘하여 일반적인 예상을 뒤엎고 121석이라는 놀라운 성과를 달성하였다. 그 이후 2006년 6월 박 전 대표가 당 대표직에서 물러날 때까지 각종 재보궐선거에서 한나라당이 연전연승하며 43대 0이라는 진기록을 세웠고 2006년 6월 3일 지방선거에서 한나라당이 압승하는 데 큰 기여를 하여 박 전 대표는 큰 정치적 업적을 쌓았다. 이러한 업적이 당에 대한 기여도 면에서 다른 경쟁자들을 압도할 수 있는 핵심 요인이다. 또한 당 대표 재임 기간에 당헌 · 당규를 정비하여 당이 민주적으로 운영될 수 있도록 하고 당권과 대권을 분리하는 제도적 틀을 만드는 등 소위 당을 혁신시키는 데 기여했다는 평을 받고 있다.

　셋째, 박 전 대표는 정치적 리더십, 역량과 자질이 있다는 평가이다.

　김 원내대표는 박근혜 전 대표에 대해서 「"국가 지도자 덕목 10개 중 7개 정도는 아주 출중하고 훌륭하지만 결정적으로 부족한 점이 있다"고 지적했다. 그는 "투철한 애국심, 엄격한 행동규범, 품위, 약속을 생명처럼 지키려는 자세, 공부하려는 자세, 좋은 머리, 서민들에 대한 보상심리 등이 아주 충만하고 다 좋다"라고 박 전 대표를 평가했다. 이어 "다 좋기 때문에 부족한 점이 감춰져 있다. 그게 바로 민주주의에 대한 개념, 사고의 유연성"이라고 말했다.」(2010년 8월 3일 세계일보)

　여기서 '투철한 애국심, 엄격한 행동규범, 품위, 약속을 생명처럼 지키려는 자세, 공부하려는 자세, 좋은 머리, 서민들에 대한 보상심리' 등 7가지를 모두 정치인들이 가진다는 것은 매우 어려운 일이다. 이러한 자질들이 어우러져 정치인 박근혜에게는 '절제의 리더십', '조용한 리더십', '외유내강의 카리스마'가 있는 것이다.

넷째, 박 전 대표가 2007년 8월 20일 한나라당 대선후보 선출 전당대회에서의 개표 결과, 선거인단 현장 투표(전국 248개 투표소에서 전날인 8월 19일 시행)에서는 이명박 후보에게 432표 차로 이겼으나 일반국민상대 여론조사에서는 이명박 후보에게 8.5% 포인트 차(2,884표)로 크게 뒤지는 바람에 결국 총 득표수에서 2,452표 차(1.5% 포인트 차)로-당초 5~7% 포인트 차로 크게 질 것이라는 예상을 뒤엎고-초박빙으로 대선후보가 되지 못한 것에 대한 안타까움과 동정 여론이 있었다. 또한 2007년 대선과정에서 양자 간에 있었던 '국정 동반자 약속'이 이명박 정부에서 지켜지지 않고 소외받는 듯한 처지에 대한 동정론도 일각에서 일고 있다.

다섯째, 앞의 4가지 요인들이 상호작용하여 정치인 박근혜를 눈이 오나 비가 오나 확고하게 지지하는 국민이 20~30%로, 현재 여야 전체 대권 주자 중에서 가장 많은 국민 지지율을 확보하고 있으며, 2위와의 지지율 격차가 10~15% 포인트나 되고 있어 앞으로 상당 기간 내에 어지간해서는 박 전 대표를 추월할 주자가 없어 보인다.

다시 말해 대권가도라는 100미터 달리기 경주에서 다른 주자들이 스타트라인에서 이제 막 출발했다면 박 전 대표는 이미 20~30미터 앞서 달리고 있어 이변이 없는 한 박 전 대표가 결승 일인 2012년 12월 19일 승리할 가능성이 높으며, 특히 박 전 대표 지지자들은 이것을 확고히 믿고 있다. 이것이 바로 '박근혜 대세론'의 요체이다.

다음으로 일각에서 생각하는 '박근혜 불가론'의 배경과 논거에 대하여 살펴보자.

첫째, 박 전 대표가 여성이기 때문에 생기는 '여성 리더십'에 한계가 있다는 우려이다.

분단국가인 우리나라는 국가안보라는 중요한 이슈가 항상 존재하기 때문에 여성 대통령이 과연 안보 문제를 제대로 다룰 수 있을까 하는 우려가 있다는 것이다. 과거 이명박 전 서울시장과 박 전 대표 사이에 지지율 역전 현상이 생긴 계기가 2006년 10월 9일 북한의 1차 핵실험 사건이었다. 그 이전까지는 박 전 대표 국민지지율이 이 전 시장을 많이 앞서 있었는데 이 사건을 계기로 역전되면서 그 상태가 2007년 8월 20일 전당대회까지 지속되어 결국 국민 여론조사 득표에서 이명박 후보가 8.5% 포인트 차로 박근혜 후보를 앞섰던 것이다.

둘째, 박 전 대표에게 박정희 전 대통령의 후광과 정치적 유산이 큰 힘이 되어 오늘의 정치인 박근혜가 있게 하는 원동력이지만, 박정희 전 대통령의 부정적 유산도 고스란히 떠안아야 하는 운명에서 오는 일각의 거부감이 있다는 사실이다.

박 전 대통령은 우리나라 근대화와 산업화의 기초를 닦았고 이로 인해 많은 국민이 박정희 향수에 젖어 있는 것도 사실이지만, 18년간의 장기 집권기간 인권과 민주주의를 억압한 것에 대한 비판적 여론이 상당하다. 이것이 그대로 박 전 대표에게로 전가되어 부담이 되고 있다. 즉 박 전 대표가 박 전 대통령의 후광을 많이 받고 있으니 박 전 대통령의 대국민 부채인 인권과 민주주의 억압에 따른 비판과 부담도 함께 받으라는 것이다. 이점에 있어서 박 전 대표 입장에서는 억울한 면이 있는 것도 사실이다. 왜 아버지의 잘못을 딸이 책임져야 하는가 하는 항변이다.

셋째, 김무성 원내대표가 박 전 대표에 대해서 "다 좋기 때문에 부족한 점이 감춰져 있다. 그게 바로 민주주의에 대한 개념, 사고의 유연성"이라고 말했듯이 박 전 대표에게 친화력과 유연성이 부족하고 폐쇄적이라는 지적이다.

세종시 수정안에 대하여 박 전 대표는 약속과 원칙을 지켜야 한다는 소신에 따라 당내 논의와 처리 과정에서 너무 경직성을 보였다는 비판이 있다. 청소년기를 청와대에서 18년간 생활한 데서 오는 환경 탓도 있겠지만 서민적인 면과 친화력이 부족하고 차갑게 느껴져 '차가운 리더십', '폐쇄적 리더십'의 소유자라는 지적도 있다.

넷째, 앞의 세 가지 요인들이 복합적으로 작용하여 박 전 대표에 대한 국민 지지율은 20~30%로 박스를 형성하며 더 이상 상승하지 않는 한계가 있다는 주장이다. 즉 일정한 열성적인 지지층은 있으나 일정한 견고한 반대층이 존재하기 때문에 지지층이 더 확대되지 않아 2007년 당내 대선후보 경선에서 이명박 후보에게 패배했던 것처럼 2012년 대선후보 경선에서도 또 패배할 것이라는 주장이다.

다섯째, 2008년 7월과 2010년 7월 한나라당 전당대회 결과에서 보듯이 당내 세력 면에서, 소위 친박계가 약 30% 정도에 불과해서 대선후보 경선에서의 대의원과 당원 선거인단 비중이 50%이기 때문에 박 전 대표가 대선후보 경선에서 불리하다는 지적이다.

– '박근혜 불가론' 극복을 위한 제언 –

'박근혜 불가론'의 논거에 대한 대응책을 어떻게 세우고 실천하느냐가 '대세론'을 성공적으로 실현하는 핵심 키이다.

첫째, 여성 리더십의 한계에 대한 우려는, 박 전 대표의 리더십이 힐러리 클린턴 미국 국무장관의 국제정치 무대에서의 역동적이고 단호한 직무수행과 리더십 및 앙겔라 메르켈 독일 총리의 리더십과 비교했을 때 결코 손색이 없음을 보여줄 필요가 있다.

둘째, 박정희 전 대통령 시절 인권과 민주주의 탄압으로 많은 피해자가 있었고 민주주의가 상당히 후퇴하였다는 사실을 박 전 대표가 겸허하게 인정하고 진정으로 사과하는 입장을 취하는 것이 필요하다. 과거에 사과 발언이 있었으나 좀 약하지 않았나 하는 느낌이다.

셋째, 박 전 대표가 좀 더 서민들에게 다가가서 그들의 애환을 피부로 느끼고 대인관계에 소탈하고 친화력이 있는 '따뜻한 리더십', 주변의 의견과 비판을 수용할 수 있고 유연성이 있는 '열린 리더십'을 갖도록 노력해야 한다는 것이다.

나의 생각이 옳지 않을 수도 있다는 사고의 유연성, 설사 나의 생각이 옳다고 해도 반대 의견을 경청하고 타협할 줄 아는 포용력이 정치인들에게는 중요한 덕목이다. 또한 누가 먼저 원인 제공을 했던지 이유 여하를 막론하고 '현재 권력'인 대통령과 '잠재적 미래 권력'인 여당 차기 유력 주자 간의 갈등과 신경전은 국가적으로나 당사자 모두에게 득보다 실이 더 많을 것이며, 지켜보는 국민을 불안하게 만들

고, '잠재적 미래 권력'의 불확실성을 높이는 결과를 초래할 위험성이
있다.

넷째, 박 전 대표는 '응집력은 강하나 배타적이라는 지적이 있는
친박계'의 수장 이미지를 과감하게 탈피하고 계파를 초월하는 정치력
과 리더십을 발휘하여 당내 지지세를 확장해야 할 것이다. 그렇게 하
지 않는 한 당내 30% 지지세력의 두꺼운 울타리 안에서 맴도는 한계
에 직면하게 될 것이다.

끝으로 많은 정치적 역량과 장점을 가지고 있고 현재 가장 유력
한 차기 대권 주자인 박근혜 전 대표가 열린 자세로 자신의 취약점과
결함을 성공적으로 보강하고 극복하여 그의 대권가도가 탄탄대로가
되기를 기대해본다.

(2010. 8. 22, 「안산인터넷뉴스」·「서부뉴스」 '정웅교 칼럼')

Ⅲ. YS의 사람들과 떠난 자들, 그리고 정치무상(政治無常)

　　YS(김영삼) 전 대통령이 발탁하여 심은 사람들이 요즘 여야 당 대표 또는 대권 유력 주자로 활동하고 있는 것을 두고 '영심이 시대'라고 지칭한 어느 신문 기사가 있었다.

　　그렇다. YS는 9선 국회의원(우리나라 최다선 기록)과 여·야 당 총재, 대통령 등을 거치면서 많은 인재를 발탁하여 심고 키웠다. 한나라당의 안상수 대표, 이재오 장관, 김문수 경기지사, 김무성 원내대표, 홍준표 최고위원, 정의화 국회부의장 등은 대통령 겸 신한국당 총재이던 YS로부터 공천을 받아 15대 국회에 처음으로 입성해서 오늘날 여권에서 핵심인물로 활동하고 있다.

　　민주당의 손학규 대표는 YS가 1993년 광명보궐선거(14대) 민자당 후보로 발탁하여 정치에 입문시켰고, 선진당의 이회창 대표는 YS

가 1993년 2월 초대 감사원장으로 발탁하였다.

노무현 전 대통령, 이인제 의원, 이홍구·이수성·고건 전 총리도 YS가 정치에 입문시키거나 총리로 임명한 경우이다. 김수한 전 국회의장은 YS가 직접 의장으로 발탁했고, 박관용 전 국회의장은 김 전 대통령 초대 비서실장을 역임하였다.

박희태 국회의장은, YS가 민자당 대표 시절 대변인을 역임했고, YS 정부 초대 법무부 장관에 발탁되었다. 이명박 대통령도 YS가 민자당 대표 시절인 1992년 14대 총선에서 전국구(비례대표) 국회의원으로 정계에 입문했다. 그만큼 YS는 천하의 능력 있는 인재를 발굴하여 적재적소에 쓸 줄 아는 민주적 리더십과 열린 리더십을 가졌다고 할 수 있다.

그런데 YS로부터 발탁되었다가 나중에 YS와 정치적 결별을 한 자들도 여러 명이 있다. 그 대표적인 인물이 노무현 전 대통령, 이회창 선진당 대표, 손학규 민주당 대표, 이인제 의원 등이다.

– 노무현의 발탁과 결별 –

1988년 13대 총선을 앞두고 당시 김영삼 통일민주당 총재가 5공의 핵심 인물인 부산 동구 민정당 허삼수 후보의 대항마를 물색하던 중 김광일 인권변호사(13대 부산 중구 출마 당선됨) 추천으로 노무현 변호사를 발탁하여 공천, 민주당 바람을 일으켜 허삼수를 누르고 노무현 후보가 당선되었다.

노무현 의원은 13대 국회 '5공화국 비리청문회'에서 청문회 스타로 급부상하여 전국적인 인물이 되었으나 1990년 1월 22일 전격적인 민주정의당 · 통일민주당 · 신민주공화당 3당 합당 선언에 이은 합당 진행과정에서 3당 합당에 반대하여 이기택, 김광일, 김정길 의원 등과 동반 탈당하여 1990년 민주당을 창당하였다.

이 민주당은 1991년 DJ(김대중)의 신민주연합당과 합당하여 민주당(김대중 · 이기택 공동대표)으로 통합되어 노무현은 14대 총선(1992년 3월, 부산 동구 낙선)과 14대 대선(1992년 12월, 후보 DJ)을 DJ와 함께했고, 15대 총선(1996년 4월)을 앞두고 정계를 은퇴했던 DJ가 1995년 새정치국민회의를 창당하여 정계에 복귀하자 이에 반발하여 DJ와 결별하고 통합민주당 소속으로 총선에 참여했으며, 나중에 15대 대선을 앞두고 1997년 11월 DJ의 새정치국민회의에 입당하였고, 2002년 새천년민주당 대통령 후보로 선출된 후 16대 대통령에 당선되었다.

이렇듯 노무현 대통령은 정치입문은 YS를 통해 했지만 2년 정도만 함께 정치를 하고 그를 떠나 1991년부터(1992년 12월 대선 직후 DJ 정계 은퇴 후부터 1997년 11월 새정치국민회의에 입당할 때까지의 공백을 제외하곤) 계속해서 DJ와 함께 정치를 하였다. 이러한 이유 때문에 YS와 노무현 전 대통령의 관계는 서로 서먹서먹하기도 하고 소원한 관계가 지속되었다.

– 이회창의 발탁과 결별 –

YS가 1993년 집권하여 초대 감사원장에 당시 대법관이던 이회창을 발탁하였다. YS의 개혁 노선에 맞춰 이회창 감사원장은 5공 · 6공 동안 누적되어온 국방 비리 감사를 통하여 명성을 날리고 있던

1993년 12월, YS는 그를 국무총리로 발탁하였다. 그는 총리 권한과 관련 YS와 갈등이 생기면서 총리 재임 4개월 만인 1994년 4월 경질되었다. YS가 해임한 것이나 다름없었다.

그 후 그는 강연 등을 통하여 YS정부를 은근히 비판하였고 그의 인기는 올라갔다. 15대 총선(1996년)을 앞두고 YS는 총선 승리가 무엇보다 중요했다. 과반 의석 확보가 되어야만 국정주도권을 쥘 수 있고 각종 법안을 국회에서 통과시킬 수 있었기 때문이다. 이러한 상황에서 신한국당(총재 김영삼, 대표 김윤환)이 총선 승리를 위하여 꺼내든 카드가 이회창 전 총리 영입이었고, 그를 15대 총선 중앙선거대책위원회 의장에 임명하고 전국구 1번에 공천했다.

YS는 한보비리 사건으로 어수선하던 1997년 3월 정국분위기를 쇄신하려고 이회창 의원을 신한국당 대표로 지명하였고, 이회창 대표는 대표라는 직책의 위상과 권위, 그리고 높은 지지율로 세력 규합에 성공하여 이른바 대세론으로 1997년 7월에 있었던 대선후보 선출 전당대회에서 대선후보로 당선되었다.

그 후 YS와 이회창 대통령 후보는 여러 가지 알력과 갈등을 겪다가 이회창 후보가 1997년 10월 22일 YS의 탈당을 요구했고, 마침내 YS는 199년 11월 7일 탈당하여 대선에서 중립을 지키게 되었고, 이인제의 신한국당 탈당과 대통령 선거 출마, DJP연대(김대중 · 김종필 연대) 등이 복합적으로 작용하여 DJ가 대통령에 당선되고 이회창은 패배하게 되었다. YS와 이회창은 정치적으로 정적에 버금가는 견원지간이 되었다.

YS의 문민정부가 개혁의 기치를 내걸고 질주를 막 시작한 즈음인 1993년 4월 23일 광명 국회의원 보궐선거(14대)가 예정되어 있었다. YS는 여러 채널을 통하여 개혁에 걸맞은 새로운 인물을 찾던 중 당시 서강대 정외과 교수로 경기도 시흥시 출신의 손학규를 발굴·공천하여 당선시켰다.

손학규 의원은 그 후 민자당 대변인을 역임하였고 15대 총선에서 당선되어 재선 의원이 되었고 총재비서실장 등 여러 당직을 거쳐 보건복지부 장관에 임명(1996.11.~1997.8.)되는 등 YS의 총애를 받으며 정치적으로 급성장하였다. YS 퇴임 후인 1998년 한나라당 공천으로 경기지사 선거에 출마하여 임창렬에게 패하였으나 2002년 다시 경기지사 선거에 재도전하여 당선되었다.

손학규 지사는 2006년 30일 퇴임 직후부터 '100일 민심 대장정' 등 2007년 12월 대선을 향한 행보를 하였으나 지지율이 5%대 안팎에서 정체되었고 당내 세력을 확보하는 데 한계를 보였다. 그러던 와중에 손학규가 평소 의지하고 공을 들였던 YS가 2007년 3월 13일 일산 킨텍스에서 있었던 MB 출판기념회에 참석한 것을 계기로 MB지지로 돌아서자 손학규는 큰 실망감과 함께 YS에 대한 서운함을 갖게 되었다.

이러한 상황에서 손학규는 한나라당에서 어떤 희망을 가질 수가 없게 되었고 드디어 2007년 3월 19일 탈당 기자회견을 하고 한나라당을 탈당한다. 그 후 대통합민주신당에 합류하여 대선후보 경선에서 정동영 후보에 패배하였다.

2008년 4월 18대 총선에서는 통합민주당 공동대표로서 총선을 진두지휘하면서 종로에 출마하였으나 낙선하였고 총선 후에 전당대회에서 선출된 정세균 대표에게 당권을 넘겨주고 춘천에서 2년여 동안 칩거하면서 와신상담, 절치부심하여 왔다.

마침내 예상을 뒤엎고 10월 3일 민주당 전당대회에서 1위를 하여 대표로 선출되었고 야당 대선후보 예비주자 중 가장 유리한 고지를 선점하게 되었다. 손학규 대표는 최근 여론조사에서 지지율 10%대에 진입하였으며 야권 주자 중에서 당당히 1등을 하고 있다.

손학규 대표는 전당대회 다음 날인 10월 4일 신임 지도부와 함께 김대중 전 대통령의 묘소를 참배하였고 당일 오후 이희호 여사를 예방하였다.

또한 10월 6일 오전 망월동 5·18 국립묘지를 참배하고 오후에는 김해시 봉하마을로 가서 노무현 전 대통령 묘소를 참배한 뒤 "내가 정치적 입장을 달리했을 때 국가 원수인 노 전 대통령께 인간적으로 용서받을 수 없는 결례를 범했다. 진심으로 죄송하다. 사람 사는 세상을 만들고자 했던 노 전 대통령의 뜻을 제대로 이해하지 못했다는 반성이 지금도 있다"며 '반성문'을 썼다.

민주당의 맥을 잇는 상징적 공간을 잇달아 찾는 손 대표의 이러한 '뿌리 찾기' 행보는 한나라당 출신에서 야기된 정통성·정체성 논란을 없애고 야권의 적통(嫡統)임을 부각시킴으로써 민주당의 전통적 지지층을 결집시키려는 의도라는 분석이다.

특히 봉하마을에서의 손 대표의 언행은 대권 주자로 재도전하려는 상황에서 야권의 한 축인 친노세력을 우군으로 껴안을 필요가 절실하고 이에 따른 전략적인 행보라고 봐야 할 것이다.

여기서 우리는 '정치의 세계는 영원한 동지도, 영원한 적도 없다'는 경구(警句)를 새삼 실감(實感)한다. 손 대표를 정치에 입문시키고 당 대변인 등 주요 당직과 장관에 임명하여 오늘의 그를 있게 한 YS에 대해서는 손 대표가 애써, 의도적으로 외면하고 있다는 사실이다.

만약 손 대표가 YS를 예방한다면 당장 그는 정체성과 적통 논란에 휘말리게 되고 당내 입지가 좁아지게 되는 등 야당 대표 및 대권 주자로서 치명적인 상처를 입게 될 것이다.

이것은 손 대표 개인 차원의 문제가 아니라 한국의 정치 풍토가 그만큼 포용력의 한계를 지니고 있고 유교적 전통에서 기인된 명분론에 지나치게 함몰되어 있음을 여실히 보여주는 현상이라고 하겠다.

YS가 노무현, 이회창, 손학규, 이인제 등 쟁쟁한 정치인들을 정계에 화려하게 입문시켰으나 나중에 여러 정치적인 사유에 의하여 그의 곁을 떠나 서로 소원한 관계에 놓인 차가운 현실 앞에서, 구순(九旬)을 바라보고 있는 노정객(老政客), 왕년의 정치 9단 YS가 느끼는 회한(悔恨)은 '정치무상(政治無常), 인생무상(人生無常)'이 아닐까?

(2010. 10. 10, 「안산인터넷뉴스」·「서부뉴스」 '정웅교 칼럼')

Ⅳ. 시대정신에 부응하기 위한 국가 비전 모색

1. 이명박 정부의 국가 비전 평가

1) 선진화를 통한 세계 일류 국가

이명박 정부의 국가 비전은 '선진화를 통한 세계 일류 국가'로 경제의 선진화, 삶의 질 선진화, 국제규범의 능동적 수용과 창출 등을 통해 세계에서 인정받는 고품격 국가를 지향한다.

※ 이명박 정부를 탄생시킨 시대적 요구(시대정신)를 발전과 통합으로 전제하고 있다.

2) 선진화를 통한 세계 일류 국가의 한계

선진화, 세계 일류 국가는 우리의 장기적인 국가 비전임에는 틀림없으나 중·단기적으로 달성될 비전이 아닐 뿐만 아니라 국민의 삶의 질과는 동떨어진 비전이라는데 한계가 있으며, 신자유주의적인 개념이다.

그럼에도 이명박 정부 초기에 이러한 국가 비전이 국민적 호응을 얻은 이유는 과거 김대중·노무현 정부의 정책(성장보다는 분배, 균형발전 등 중시)에 대한 비판적 여론이 많았기 때문일 것이다.

따라서 선진화, 세계 일류 국가는 더 이상 국민에게 감동을 주지 못하는 비전이므로 새로운 대안 제시가 필요하다고 생각된다.

2. 새로운 국가 비전 모색

1) 현재 국가 비전 구도: 보수 진영의 선진 일류(통일) 국가론 vs 진보 진영의 보편적 복지국가론

만약 앞으로 이러한 구도로 가게 된다면 보편적 복지국가론이 국민적 호응을 더 받을 것으로 예측되므로 보수 진영에서 대안을 모색해야 할 것이다.

2) 공동체 자유주의 한계

선진 일류 국가론은 그 바탕 철학을 공동체 자유주의로 하고 있는데, 공동체 자유주의는 자유주의(개인의 자유와 창의, 발전 등)를 기본으로 하고 공동체 가치(통합, 공생, 공존, 배려, 존중, 연대, 책임, 공헌, 역사공동체, 사회공동체, 자연공동체, 지구공동체 등)를 존중하는 것으로 그 방점은 자유주의에 있으며, 자유주의의 문제점을 보완하기에는 한계가 있다.

3) 새로운 국가 비전: 평화 복지 공동체론

- 통일의 잠정적 대안으로서 평화 -

한반도 통일은 궁극적으로 달성해야 하는 목표임에는 틀림이 없지만 국민들 입장에서는 통일이 우리에게 어떠한 의미가 있고 얼마만큼의 실질적인 이익을 가져다주는가에 대해서 국민적 합의가 형성되어 있지 않고 있다.

또한 통일 가능성에 대해서도 회의적인 여론이 많은 상황에서, 통일은 국민들에게 공허한 주장으로 비춰질 가능성이 많으므로 잠정적 대안으로 한반도평화를 추구하는 것이 현실적으로 타당성이 높다고 할 수 있다.

- 복지 -

고도 경제 성장, 수출 증대, GNP의 증가 등 경제 지표와 개인의 삶의 질이 비례하지 않는다는 사실을 경험하고 있는 국민으로서는 '선진국' 도달이라는 목표가 가슴에 와 닿지 않고 있는 실정이다.

더욱이 김대중 · 노무현 정부 시절에 비해서 이명박 정부에 들어와서 체감경기, 삶의 질 등이 향상되었다는 믿음이 없는 상태이다. 따라서 국민은 양적 성장보다는 분배와 복지에 더욱 관심을 가지게 되었고 그것을 적극적으로 요구하고 있다. 이러한 상황에서 야권의 '보편적 복지'에 대응해서 '평생 복지(요람에서 무덤까지 복지, 생애 단계별 복지)'라는 개념을 도입하는 것이 필요하다고 생각한다.

－ 공동체 －

급속도로 변화하는 세계화 흐름 속에서 국가가 갖는 기능과 권위가 과거에 비해 많이 축소되었고, 사회 구성원들의 개체화 · 개인화가 심화된 현실에서 국가라는 개념보다는 공동체라는 개념이 더 유용한 측면이 있으며, 우리 사회를 행복공동체로 만들어가는 것이 매우 중요하고 필요하다.

4) 결론

따라서 우리 정치인들과 우리 사회 구성원들이 '평화 복지 공동체'를 우리의 이상적인 미래상인 국가 비전으로 삼고 그 실현을 위해 모든 열정과 에너지를 집중시켜야 할 것이다.

(2010. 11. 29.)

V. 기능주의, 갈등주의, 마르크시즘의 관점에서 본 한국의 사회복지발전과 앞으로의 발전방향

1. 서론

2002년 이후부터 우리나라 GDP 대비 사회복지지출 비율이 꾸준히 증가하여 왔다(2002년 5.55%, 2003년 5.86%, 2004년 6.57%, 2005년 7.00%, 2006년 7.88%, 2007년 8.07% 등).

우리나라 사회복지의 이러한 양적 발전에 대하여 높이 평가하는 관점도 있지만 아직 취약하고 미흡한 점이 많아 보다 보완·강화시켜야 한다는 지적도 있다.

김대중 정부와 노무현 정부 기간의 사회복지발전을 간략하게 살펴보고 기능주의, 갈등주의, 마르크시즘의 관점에서 설명해보기로 한다.

2. 김대중 정부의 사회복지 발전[1]

　　김대중 정부 기간에 사회복지제도는 양적으로 크게 확대되었다. 이 시기에 질적으로 발전했느냐 여부에 대해서는 이견이 있지만 공공부조, 사회보험, 사회복지서비스를 포함한 사회복지제도의 전 영역에서의 변화를 통해 한국의 복지체계가 사회안전망으로서의 기본 틀을 갖추게 되었다는 데에는 대부분의 전문가가 공감하고 있는 편이다.

　　김대중 대통령 자신이 비교적 진보적임에도 IMF 구제금융의 조건들인 각종 신자유주의적 처방책을 착실히 수행할 수밖에 없었다. 완전 개방, 노동시장 유연화 등의 신자유주의적 경제정책을 통해 비교적 단기간에 구제금융 상환을 마무리 짓게 되지만, 신자유주의적인 경제질서를 강화함으로써 본격적인 복지국가의 제도적 전환을 시도하지 못하였다.

　　김대중 정부의 복지개혁조치는 자활을 강조하는 '생산적 복지'라는 슬로건에서도 보듯이 IMF 구제금융시대의 신자유주의적 노선에 경도될 수밖에 없었다. 실업과 그에 따른 빈곤문제의 해결을 위해 시도된 가장 대표적인 제도개혁의 사례가 공공부조인 것도 그러한 맥락이다. 기존의 생활보호제도를 대체하는 새로운 국민기초생활보장제도를 시행한 것도 자유주의의 선별주의적 성격을 더한 것으로 해석될 수 있으며, 건강보험을 통합하는 등 일부 보수주의의 제도적 단점을 보완 · 수정하는 노력에도 전체적인 복지제도화의 방향은 자유주의의 성격을 더하는 방향으로 추진된 것으로 봐야 할 것이다.

---

1) 안상훈(2010), 『현대 한국복지국가의 제도적 전환』, 서울대학교출판문화원, pp.61~73(발췌).

3. 노무현 정부의 사회복지 발전[2]

거시경제적 성과에도 소득분배구조는 개선되지 못하였고 전체 빈곤층의 절반 가까이 근로빈곤층이라는 사실이 보여 주듯 양극화가 가시화된 시기이기도 하다. 김대중 정부 시기에 추진된 각종 신자유주의적 정책에 의해 국가 수준의 경제는 나아졌지만 국민 수준의 생활여건은 개선되지 못하였다고 볼 수 있다.

진보와 보수의 극한 대립 속에서 노무현 정부는 '사회투자정책'을 추진하였다. 인적자본과 사회자본에 대한 투자 확대를 통해 경제활동 참여기회를 극대화시켜 빈곤예방과 기회평등을 추진하는 것이 사회투자정책의 요체이다. 이에 따라 차상위계층까지 자활사업을 확대하고 사업내용을 다변화하는 등 스스로의 노동을 통해 삶을 영위할 수 있는 여건 조성에 매진하게 되었다.

그러나 사회보험 영역에서는 별다른 변화가 없고, 저출산·고령사회를 대비한 복지국가의 새로운 비전과 하위정책의 체계화에 힘쓰기는 했지만, 김대중 정부 시기의 자유주의적 제도화의 유산과 정권 핵심의 정치적 미숙함은 이 시기의 새로운 복지국가 제도화가 시도되는 데 걸림돌로 작용하기도 했다.

---

2) 안상훈(2010), 앞의 책, p.83(발췌).

4. 구조기능주의 · 갈등주의 · 마르크시즘의 관점에서 본 한국의 사회복지발전

1) 기능주의 관점[3]

　　기능주의 관점에서는 사회복지의 가장 큰 배경이 되는 사회문제를 전체사회의 균형을 깨거나 통합을 해치는 요인들에 의해서 발생하는 것으로 본다. 개인의 잘못된 혹은 부적절한 사회화, 주어진 사회규범의 위반, 사회성원 개개인의 미흡한 역할 수행, 소득분배상의 불균형 등으로 사회문제가 야기되고 급기야 사회가 해체되는 상황이 벌어진다고 한다. 따라서 이를 예방하고 치유하기 위한 차원에서 사회복지제도가 적용된다고 보는 것이 기능주의적 관점이다. 즉 기능주의는 사회를 구성하는 각각의 부분이 균형과 항상성을 잃거나 제 역할을 수행하지 못할 때 사회문제가 발생하므로 사회체제의 존속을 위해 사회복지제도가 필요하다고 보는 것이다.

　　기능주의 관점에서는 사회가 정상적으로 유지되고 굴러가는 상황에서 비정상적이거나 불균형적인 요인으로 인해 발생하는 사회문제를 방치하고서는 국가나 사회가 안정을 유지할 수 없기 때문에 통합기능의 하나로서 사회복지제도를 시행한다고 볼 수 있다. 즉 사회복지를 사회체계의 통합적인 기능을 수행하는 것으로 본다. 예컨대 인구의 고령화가 급진전되고 있는 현대사회에서 가장 큰 이슈가 되는 노인 문제에 대해서 기능주의는, 노인의 노동능력이 떨어짐으로써 자

---

3) 김응렬 외 7인(2004), 『사회복지학에의 초대』, 고려대학교출판부, pp.97~98(발췌).

신에게 주어진 역할(자신의 생계를 유지)을 제대로 수행하지 못하게 됨에 따라 노인 문제가 발생하며, 현대사회는 궁극적으로 사회체계의 역기능적인 상황을 극복하고 최소한 인간다운 삶을 보장하기 위해 사회 통합적 차원에서 사회복지혜택을 제공해야 한다는 입장을 취한다.

결손가정의 아이나 불우청소년, 비행청소년들을 위한 사회사업 서비스 및 재사회화교육, 장애인을 위한 재활교육을 통해 정상적인 생활이 가능하도록 도와주는 것도 사회복지의 한 유형이라고 할 수 있다. 또한 부의 불평등한 분배로 빈곤이 만연하고 빈곤층이 증가할 때, 실직으로 소득이 중단되었을 때, 즉 사회적으로 소외되고 낙오되는 사람을 위해 공적 부조의 근간이 되는 국민기초생활보장제도로 이들의 최소한의 인간다운 삶을 보장하는 것도 사회 통합적 차원에서 사회구조적 결함을 보완하는 제도이다.

이처럼 그동안 한국의 사회복지정책은 기능주의 관점에서 입안되고 추진되었으며, 어느 정도 괄목한 발전과 성과가 있었다고 평가할 수 있다.

2) 갈등주의 관점[4]

1950년대와 1960년대 기능주의 이론의 대안으로서 혹은 반발로서 출발한 갈등이론은 인간사회를 갈등과 대립이라는 관점에서 바라본다. 갈등이론은 사회현실을 질서와 안정, 합의보다는 무질서, 변화, 갈등과 투쟁이 상존하는 곳으로 본다. 사회는 기본적으로 희소한 자

---

4) 김응렬 외 7인(2004), 앞의 책, pp.98~100(발췌).

원과 권력이 상존하는바, 이러한 상황에서 인간들은 더 많은 자원과 권력획득을 위해 끊임없이 갈등하고 대립한다. 즉 서로 다른 개인과 집단들은 자신들의 욕구를 충족시키기 위해, 부족한 자원을 얻기 위해 노력하는 과정에서 갈등하고 대립한다.

따라서 갈등이론은 갈등이라는 현상을 사회 도처에 널려 있는 것으로 사회적 과정의 정상적인 상태 혹은 본질로 간주한다.

갈등이론은 사회적 갈등에 대한 마르크스주의적 접근에서부터 짐멜, 다렌도르프의 변증법적 갈등이론, 코저의 갈등기능주의(신갈등주의)에 이르기까지 다양한 이론체계를 통칭한다.

사회적 갈등을 생산관계에 있다고 본 마르크스와 달리, 다렌도르프는 신갈등이론가로서 사회갈등이 분배관계에서 생겨난다고 본다. 그러면서 그는 희소한 자원, 권력, 욕구, 기회, 이익을 소유하고 지배하려는 이익집단(권력집단, 정당 등) 간의 경쟁과 투쟁, 갈등의 장으로 사회를 본다. 즉 그는 사회를 그와 같은 것을 얻기 위해 갈등하고 합의하는 과정에서 자원배분을 재조정하는 곳으로 보면서, 현대 산업사회는 갈등의 제도화를 통해 이해집단 간의 변증법적 갈등의 순환을 통하여 다양한 정도의 변동과 갈등을 체험한다고 본다. 동시에 입법과 정책을 통하여 폭력을 예방하고 평화적으로 복지를 추구할 수 있다고 본다.

한편 짐멜의 영향을 가장 많이 받은 코저는 사회에는 갈등이 불가피하게 편재되어 있지만 갈등은 기능적으로 작용한다는 사회적 갈등의 기능성에 관심을 가진바, 갈등기능주의자로 갈등이론과 기능주의 이론을 통합시키는 데 많은 노력을 하였다. 즉 사회는 상호 이해관

게가 있는 집단 간에 희소자원을 소유하고 지배하려는 데서 야기되는 갈등을 통합하고 적응하는 경향이 있다는 것이다. 그는 갈등이 사회체계를 유지시키고 발전시키는 데 긍정적으로 작용하는 것으로 보며, 갈등이 느슨하게 구조화된 집단의 단결을 도모하고, 고립되어 있는 몇몇 개인이나 집단에게 동맹관계를 유발하며, 의사소통의 원활함을 가져온다고 본다.

따라서 코저는 갈등이 반드시 사회를 해체시키고 분열시키기보다는 오히려 사회를 통합시키고 안정시키는 데 기여한다고 말한다. 그러나 갈등이론은 기능주의이론과 명확하게 구분되지 않는다는 점에서 비판을 받고 있다. 즉 갈등이론은 비판적 사회이론이라기보다는 일종의 수정된 기능주의 이론, 균형이론이라고 평가받고 있다.

일반적으로 사회적 갈등의 대표적인 예는 세대 간의 갈등이다. 젊은 세대와 노인세대는 가치관의 차이로 심각한 갈등을 빚을 수 있으며, 특히 노인들에게 주어지는 노령연금의 재정적자로 말미암아 젊은 세대와 마찰을 빚거나 대립할 수 있다. 과거 젊은 시절에는 경제적 능력이 있었고 사회발전에 기여했지만 노후를 맞이하여 아무런 경제적 능력도 없고 사회에 기여하는 것도 없는 노인들이 일방적으로 정부로부터 복지혜택을 받기만 할 때, 한정된 자원을 둘러싸고 세대 간의 갈등이 심화될 수 있다.

갈등이론은 사회전체구조의 거대한 모순과 거기에서 비롯하는 가진 자와 못 가진 자 간의 갈등과 투쟁이 사회복지의 배경이 되는 사회문제를 야기한다고 본다. 즉 자본주의사회에서 자본가계급들이 경제적 잉여착취문제와 같은 근본적 모순을 은폐하거나 호도함으로써 사회문제를 발생시키고 확대시킨다는 것이다. 자본주의 경제의 폐해로 인하여 고통 받는 임금노동자의 구제 및 보호가 필요하다. 개인의 빈곤이나 불행은 개인적인 특성에 있다기보다는 사회적인 조건에 의해서 발생된다.

한편 갈등기능주의에서는 자본주의사회가 사회문제를 해결하고 경제제도의 모순을 시정하기 위해서는 보다 적극적인 사회복지제도를 도입하여 불평등한 배분을 시정하는 조치가 바람직하다고 본다.

이상에서 살펴보았듯이 갈등이론(주의) 관점에서 보았을 때, 우리 사회의 계층 간·세대 간·보혁(이념) 간 갈등이 점점 심화되고 있는 상황에서 이러한 갈등을 완화하고 사회 통합을 강화시키는 기능으로서의 한국의 사회복지는 아직 턱없이 미흡한 상태이고, 또한 계층 간·세대 간·보혁(이념) 간 갈등의 심화가 사회복지 정책을 둘러싼 이견과 충돌을 야기하여 사회복지 확대와 발전을 저해하고 있는 실정이다.

3) 마르크시즘의 관점

마르크스는 인간사회를 유물론적 입장에서 바라보면서, 산업 혁명이 탄생시킨 사회체계를 생산력을 소유한 자본가계급과 소유하지 못한 임금노동자들이 생산의 결과로 얻어지는 경제적 잉여가치를 둘러싸고 계급 간에 끊임없이 갈등하고 투쟁하는 곳으로 본다. 이러한 갈등이 사회를 양극화시키고 인간을 사악하게 만드는데, 공산주의혁명으로 공동생산, 공동분배가 성취됨으로써 계급 없는 사회를 이룩할

수 있다고 말한다.[5]

　마르크시즘 계열의 학자들은 국가가 자본주의제도의 모순과 불완전성을 보완하기 위해 사회복지제도를 수행함으로써 사회적 불만과 희생을 최소화하려 한다고 본다. 고프 같은 학자도 아동은 현재는 비노동 인구이지만 미래의 노동력 재생산이라는 측면에서 국가가 교육프로그램과 같은 사회복지제도를 시행한다고 본다. 오페는 자본주의 제도의 경제적 모순으로 발생하는 빈부격차문제를 관리하기 위하여 사회복지제도가 마련된 것으로 본다. 즉 이들에게 사회복지제도는 자본주의제도를 영속화하기 위한 하나의 술책으로 비치고 있다.[6]

　이상에서 보듯이 마르크시즘의 관점에서 보면, 한국의 사회복지 발전은 자본주의제도의 모순을 보완하고 자본주의제도를 영속화하는 데 크게 기여하고 있다고 봐야 할 것이다.

5. 한국의 복지제도의 후진성과 앞으로의 발전 방향

　2001년과 2005년 사이의 GDP 대비 사회복지지출 수준을 조사·비교해 보면 2005년의 경우 유럽 국가들이 대략 25%에서 30% 선까지 분포하였고 미국·호주·일본과 같은 자유주의 국가들도 16~17% 선에 이르는 지출 수준을 보였다. 반면, 한국은 2005년 GDP 대비 사회복지지출 수준이 7% 정도로 비교도 되지 않을 만큼 낮은 수준으로, 이는 유럽 국가들에 비하면 4분의 1 수준이다.[7]

---

5) 김응렬 외 7인(2004), 앞의 책, pp.98~99(발췌).
6) 김응렬 외 7인(2004), 앞의 책, pp.100~101(발췌).

1인당 GDP가 1만 달러 전후였던 시기의 사회복지지출 수준을 조사·비교해보면, 유럽 국가들 대부분은 20% 이상의 높은 지출 수준을 보였으며, 미국·호주·일본 등도 10% 이상의 지출 수준을 보였다. 반면에 한국의 경우, 여전히 3.5%로 매우 낮은 지출 수준을 보였다. 연구에 의하면, GDP 1만 달러 시점의 사회복지지출 수준은 1만 5천 달러, 1만 9천 달러 수준으로 올라서면서 현격한 변화를 보이지 않고 비슷한 수준을 유지한다고 한다.[8]

　　앞에서 살펴보았듯이 한국의 경우, 과거 GDP 수준이 같은 상태일 때의 선진국과 비교하더라도 엄청나게 낮은 수준의 사회복지지출을 보이는 사회복지 후진국형임이 틀림없다.

　　한국은 유럽 국가들에 비하여 남북분단에 따른 막대한 국방지출을 감당해야 하는 특수성과 난관이 있는 것은 분명하지만, 점차 GDP 대비 사회복지지출 비율을 증대시켜 향후 10년 내로, 유럽 국가들 수준은 아니더라도 미국·호주·일본과 같은 수준으로 끌어올려야 할 정도로 강력한 사회적 요구와 압박을 받고 있는 실정이다. 특히 최근 몇 년 전부터 각종 선거를 앞두고 정치권이 경쟁적으로 사회복지분야 공약을 제시하는 경향이 강화되고 있는 것도 이러한 시대적 요구의 대응이라고 하겠다.

　　사회복지지출 규모의 증대도 중요하지만, 앞으로는 노인인구 증가·장애인 증가·청소년 비행의 증가, 노숙자·탈북자와 같이 시설 보호대상 또는 재가보호 대상에 제외된 자들의 증가에 따른 사회복지

---

7) 강정기 외 2인(2010), 『(개정판) 사회복지의 역사』, (주)나남, pp.412~413; 안상훈(2010), 앞의 책, p.108.
8) 안상훈(2010), 앞의 책, pp.109~111.

수요 증가에 대한 대책, 사회복지 서비스 전달체계 개선, 사회복지 서비스 방법의 개선, 사회복지 전문가 교육과 양성 제도 개선 등이 필요하다. [9]

(2011. 6. 25.)

〈참고문헌〉

강정기 외 2인(2010), (개정판) 사회복지의 역사, (주)나남.

김상균 외 8인(2011), 『(개정 3판) 사회복지개론』, (주)나남.

김웅렬 외 7인(2004), 『사회복지학에의 초대』, 고려대학교출판부.

노무지 외 2인(2009), 『사회복지발달사』, 청목출판사.

노병일(2011), 『사회복지정책론』, 교육과학사.

라메쉬 미쉬라, 남찬섭 역(1996), 『복지국가의 사상과 이론』, 도서출판 한울.

안상훈(2010), 『현대 한국복지국가의 제도적 전환』, 서울대학교출판문화원.

오윤수 외 2인(2010), 『사회복지의 윤리와 철학』, 도서출판 공동체

---

9) 노무지 외 2인(2009), 『사회복지발달사』, 청목출판사, pp.224~227.

Ⅵ. 사회복지정책의 가치인 평등과 효율의
관계에서의 쟁점

평등 추구를 목표로 하는 사회복지정책의 확대가 효율을 저해할
것인가 여부에 대해 다음과 같은 논쟁이 있을 수 있다.

1. 근로 동기의 약화

빈곤층의 근로 의욕과 관련된 주요 개념으로 '빈곤의 함정'과 '의
존 문화'가 있다.

빈곤의 함정은 일자리를 얻어 임금이 어느 정도 이르게 되는 경
우에 이전에 받던 공공부조 등의 급여를 받지 못하게 되고 세금도 내
야 하기 때문에 이전보다 더 열악한 상태에 놓일 수 있다. 따라서 빈곤
층이 근로를 하여 빈곤상태를 벗어나려고 하지 않을 가능성이 많다.

즉 사회복지정책이 근로 동기를 약화시킨다는 주장이다. 따라서 소득 보장 급여를 제공하는 제도를 설계할 때 이 점에 유의하여 근로 동기를 심각하게 약화시키지 않도록 적정선을 선택해야 한다.

2. 소비자 선택의 왜곡

현금이 아닌 급여인 현물급여와 사회 서비스인 경우에 소비자 선택의 왜곡현상이 발생할 수 있다.

급여를 받는 사람의 선택권(소비할 재화나 서비스의 종류 또는 수량)을 제약하여, 불필요한 사람에게 지급될 수 있고 필요 이상의 과다한 양이 지급될 수 있다. 소비자가 선택할 수 있는 길을 열어주면서 다른 한편으로는 어느 정도의 사회 통제를 할 수 있는 급여의 형태가 바우처이다.

3. 저축과 투자 동기의 약화

근로자는 사회복지정책이 자기의 기본 욕구를 충족시켜 줄 것이라고 믿기 때문에 퇴직 또는 노후를 대비해 저축하려고 하지 않는다는 것이다. 기업은 사회복지정책의 확대로 조세부담이 증가하고 복지영역에서 지출하는 비용이 증가함에 따라 생산비가 증가하므로 국내 투자를 기피하고 복지 비용의 부담이 적은 개발도상국으로 사업장을 옮기는 현상이 일어날 수 있다.

4. 생산부문에 사용될 자원의 축소

사회복지정책의 확대로 생산부문에서 사용될 인력과 자본이 축소되어 경제성장이 둔화된다는 주장이다. 그러나 필자는 이 주장에 반대한다. 사회복지정책에 사용되는 인력과 자본이 비생산적이라는 관점은 잘못된 것이다. 사회복지정책의 확대는 사회의 안정도와 통합성을 제고하여 사회 제 분야가 유기적으로 작동하는 데 기여하므로 사회 전체의 생산성을 올려준다고 볼 수 있다.

5. 정부의 실패

사회복지정책이 확대됨에 따라 정부에 대한 기대가 높아지고 이런 기대를 충족시키기 위해 공적 복지의 영역은 커지게 되어 세금이 증가하고 관료제도가 방대해진다. 이 결과 정부의 효율성이 떨어지고 경제가 비역동적으로 된다는 것이다.

(2011. 5. 21.)

Ⅶ. 한국 재벌의 편법 증여 · 상속

한국 재벌의 변칙 증여 · 상속과 빌 게이츠, 워런 버핏, 조지 루카스의
전 재산 절반 이상 사회 기부

재계 서열 40위의 태광그룹이 16세에 불과한 회장의 아들에게
편법 증여 · 상속을 하고 3,000억 원에 달하는 비자금을 조성했다는
의혹에 대하여 검찰이 수사에 착수했다고 한다.

태광그룹 이호진 회장은 개인 회사인 비상장 자회사 지분을 아
들에게 넘겨줘 2대 주주로 만든 뒤 알짜 계열사의 지분과 자산을 이
들 비상장사에게 넘겨줬다. 이미 재계서열 1, 2위인 삼성과 현대자동
차가 비슷한 방식의 편법 증여 · 상속 문제로 검찰수사와 재판을 받은
바 있다. 심지어 이러한 변칙 증여 · 상속을 통한 경영권의 세습이 북
한의 권력세습과 다를 바가 뭐가 있느냐는 사회 일각의 비판도 있을

정도이다.

가난이 대물림되어서는 안 되듯이 기업의 경영권과 지분, 그리고 부가 불법과 편법에 의해 대물림되어서는 안 된다. 이것이야말로 공정한 사회와 배치되는 것이며, 우리 사회의 반기업 정서와 부자에 대한 이유 없는 반감의 원인이 되고 있다. 또한 서민들에게 상대적 박탈감과 위화감과 좌절감을 심어주는 사회의 해악이다.

최근 미국의 빌 게이츠, 워런 버핏, 조지 루카스 등 억만장자 40명이 자신의 재산 가운데 절반 이상을 살아 있는 동안 혹은 죽은 후 사회에 기부하기로 약속했다. 이들이 약속한 기부총액은 약 175조 원에 달할 것으로 예상된다고 한다. 또한 지난달 29일 빌 게이츠와 워런 버핏은 중국의 대부호들을 만나 기부를 호소하는 행사를 성황리에 마쳤다. 이처럼 기부는 고사하고 법이 정한 정당한 증여세 또는 상속세조차 탈세하려는 한국 기업의 대조적인 모습을 보면 안타깝고 서글픈 생각이 든다.

상장된 기업은 이미 개인의 기업이 아니다. 창업주나 그 후손만의 기업이 아니라 사회의 기업인 것이다. 대주주와 경영진에겐 작게는 주주들에 대한, 넓게는 사회와 국민에 대한 엄중한 사회적 책임이 있는 것이다.

빌 게이츠는 자신이 기부와 사회활동을 하게 된 것은 봉사와 사회활동에 열성적이었던 어머니의 영향이 컸다고 한다.

한국의 대기업 '오너'들이 그의 자식들에게 무엇을 물려주고 자식들의 인생에 어떤 영향을 끼칠 것인가 다시 한 번 생각해볼 문제이다.

(2010. 10. 18.)

VIII. 반부패지수

부패인식지수(반부패지수) 2년 연속 하락, 내림세 지속 우려

2010년 10월 26일 국제투명성기구(**Transparency International, TI/본부, 독일 베를린**)가 발표한 2010년 국가별 부패인식지수(**Corruption Perceptions Index, CPI. 反 부패지수로도 불림**)에서 한국은 10점 만점에 5.4점으로 178개국 중 39위에 머물렀다(**2008년엔 5.6점**으로 180개국 중 40위, **2009년엔 5.5점**으로 180개국 중 39위).

우리나라는 OECD 30개국(평균 6.97점) 중 작년과 같은 22위이고, 선진국 기준인 7점대에 비해 부패인식지수는 아직 많이 낮은 편이다. 이는 우리나라가 절대 부패에서 갓 벗어난 상태임을 나타내는 5점대에 머무르고 있음을 말하며, 6년 만에 처음으로 하락했던 지난해에 이어 또다시 0.1점 하락한 점수로서, 5점대 정체와 내림세 지속

추세가 이어질까 우려된다.

국제투명성기구의 부패인식지수는 공무원과 정치인 사이에 부패가 어느 정도로 존재하는지에 대한 인식의 정도를 말하며, 조사대상 국가들에 거주하는 전문가를 포함하여, 전 세계의 기업인과 애널리스트 등의 견해를 반영한다고 한다.

그동안 우리나라는 16년간의 조사에서 4점대를 벗어나지 못하다가, 2005년 5점대로 진입한 후, 2008년에 이르러서야 겨우 5.6점으로 올라섰으나, 이제 5.4점으로 두해 연속 0.1점씩 점수가 하락하였다. 이번 조사에 포함된 나라는 178개국으로 세계 평균 CPI는 4.1점으로 지난해와 비슷하다고 한다.

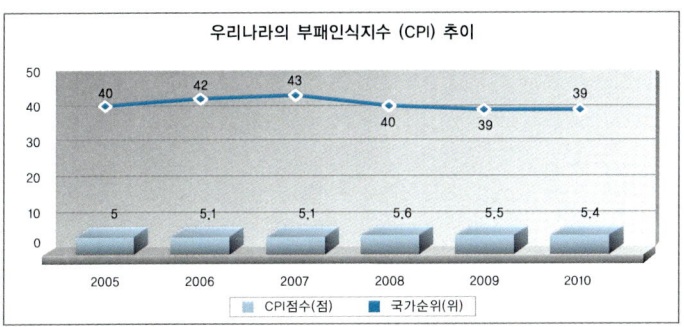

[출처 : 국민권익위원회]

2010년도 1위는 9.3점을 얻은 뉴질랜드와 덴마크, 싱가포르가 공동으로 차지하였고, 뒤를 이어 스웨덴과 핀란드가 9.2점으로 공동 4위를 기록하였다. 이들 상위그룹 국가들은 해마다 큰 변동 없이 9점대의 높은 점수를 유지하고 있는데, 높은 투명성, 충실하고 엄정한 공권력으로 건강한 거버넌스를 갖고 있는 특성이 있다고 한다.

선진국을 향해 달려가고 있는 우리나라로서는, 경제력 상승과 함께 부패인식지수도 상승하기 위해서는 법치주의의 확립, 부패에 취약한 국민의식과 관행의 개선, 검찰·감사원·국민권익위원회의 등 반부패 관련 기구의 배전의 노력 등이 있어야 한다고 생각한다.

(2010. 10. 27)

IX. 총리실의 민간인 사찰과 비선라인의 폐단

어느 권력이든 자신에게 비판적인 상대는 눈 안에 가시처럼 느껴지게 마련이고 그 가시를 어떻게 하면 뽑아낼 수 있을까 하고 여러 가지로 고민하고 궁리할 것이다. 특히 최고 권력자에 대한 비판, 그것도 인신공격성일 때 그 최고 권력자를 에워싸고 있는 측근의 입장에서는 심한 분노와 적개심이 생겨나는 것이 인지상정일 것이다.

독재정권하에서는 무소불위의 권력으로 그 반대파를 제거하거나 보복하는 것은 쉬운 일이었으며 그러한 조치가 비밀리에 쥐도 새도 모르게 이루어질 수 있었고 설사 노출된다고 한들 그것을 문제 삼을 언론이나 세력이 미약했기 때문에 정권 입장에서는 큰 문제가 되지 않았다. 오히려 그러한 보복과 탄압이 일어나고 있다는 소문이 본보기로 세상에 약간 노출되는 것이 사전 예방적 차원에서 정권에 이

로울 수도 있었다.

우리나라는 1987년 6월 항쟁과 그에 따른 사회 전반의 민주화 체제가 들어서면서 정권에 비판적인 사람에 대한 노골적인 불법 탄압은 거의 없어졌다고 봄이 타당한 견해일 것이다. 반면에 보다 은밀하고 치밀하게 이루어지다 보니 우리가 미처 느끼지 못할 뿐이라는 견해도 있다. 이번 총리실 산하 공직윤리지원관실이 민간인을 사찰한 사건은 명백히 불법이다. 공직자를 대상으로 하는 기관이 민간인을 대상으로 사찰을 하고 강제적으로 대표이사에서 물러나게 하고 회사의 지분까지도 강제로 처분하게 했기 때문이다. 그래 놓고 사찰 대상인 김종익 씨가 민간인일 줄 몰랐다고 변명하는 것을 보고 우리나라 공무원들의 수준이, 사리 분별력이 저 정도밖에 안 되는지, 아니면 새빨간 거짓말을 하고 있는 것인지 한심한 생각이 들 뿐이다.

공직자들이 그들의 최고 정점인 행정부의 수반이며 국가원수인 대통령을 보호하고 명예를 지키려는 자세와 의지는 높이 평가할 만하고 어쩌면 당연한 일이다. 그러나 그것은 법과 제도의 테두리 내에서, 직무의 범위 내에서 적법하게 이루어져야 함은 물론이고 적법하게 이루어지더라도 국민 여론과 민심에 반하여 거부감을 주지 않도록 신중하고 조심스럽게 행사되어야 한다. 이러한 기준을 벗어나는 이유는 과잉충성이 있기 때문이며, 과잉충성은 개인적 출세욕, 호가호위하며 권세를 계속 누리려는 측근들의 이기심, 대통령을 위해 무슨 일이든지 할 각오가 되어 있는 사람은 자기네뿐이라고 착각을 하는 소영웅주의 등에서 비롯되는 것이다. 자신이 모시는 대통령을 진정으로 위하고 충성하는 것이라면 합법적으로, 뭇사람들의 원한과 거부감을 불러오지 않으면서 잘못된 부분을 바로잡아야 할 것이다.

총리실에서 민간인을 불법적으로 탄압하면 그것이 반드시 언젠가 만천하에 드러날 것이고, 이렇게 되면 당초 대통령을 위해서 한 그들의 행위가 도리어 대통령과 정권에게 엄청난 상처와 부담이 된다는 사실을 왜 몰랐을까 하는 의구심이 든다. 진짜 몰랐다면 공무원 자질에 심각한 문제가 있는 것이고, 알면서도 했다면 저돌적이고 안하무인격인 그들의 마음가짐과 행태에 놀라움을 금치 못한다.

7월 23일 서울중앙지검은 '2008년 9월경 이명박 대통령을 비방하는 내용의 동영상을 블로그에 올린 김종익 전 KB한마음 대표를 불법 사찰하고 대표이사직 사퇴와 회사 지분 양도를 강요한 혐의 등(형법상 강요 외에 직권남용 권리행사방해, 업무방해, 방실수색 등의 혐의)'으로 이인규 전 국무총리실 공직윤리지원관과 김모 점검1팀장을 구속했다.

아마 이날 구속되어 구치소로 향하는 이 두 사람의 뇌리에는 만감이 교차하였을 것이다. 과거 자신들이 행한 잘못과 어리석음에 대한 후회와 반성도 있었을 것이다. 또한 대통령에게 '충성(비록 그것이 무모한 충성일지라도)'을 다한 것에 대한 대가가 결국 자신들이 구속되는 것으로 귀결되는 것에 대해 억울해했을 것이고, 자신들을 끝까지 보호해주지 않는 윗선에 대한 강한 배신감과 분노와 서운함을 느꼈을 것이고, 향후 어떻게 대응할 것인가, 총대를 메고 희생양이 될 것인가, 아니면 윗선의 지시에 의해서 한 것이라고 폭로하고 자신들의 처벌을 경감받을 것인가 등등에 대하여 많은 생각이 오르락내리락했을 것이다. 그리고 이들이 이러한 의리와 실리 중 어느 것을 택할 것인가 하는 번민과 고뇌는 계속될 것이다.

　사람은 위기와 곤경에 처하면 그것을 벗어나기 위하여, 물에 빠진 사람이 지푸라기라도 잡는 심정으로 수단과 방법을 가리지 않고 여러 가지 시도를 하는 것이 일반적인 현상이다. 두 사람이 구속됨으로써 이 사건의 실체와 몸통이 밝혀질지가 큰 관심거리이다. 이들이 민간인 사찰 관련 누구의 지시를 받았고 누구에게 보고했으며, 그 과정에서 비선라인이 개입했는지, 그 비선라인에 영일 · 포항 인맥(영포라인) 또는 박영준 국무총리실 차장 등 선진국민연대 인맥이 연관되어 있었는지가 세간의 관심사다.

　우리나라 역대 어느 정권이든 비선라인에 의한 국정농단이 항상 문제가 되어왔다. 비선라인이 힘을 가지고 국정에 개입을 하게 되면 그것은 속성상 비밀성과 폐쇄성으로 인해 언론과 국민 여론 등 외부의 견제를 받지 않기 때문에 불법성이 쉽게 개입되기 마련이며, 제도에 의한 공적라인의 기능을 무력화시키고 그 구성원들의 사기를 저하시켜 방관자로 전락시키는 폐단을 가져온다. 다시 말해 비선라인은 단기적으로는 효율성과 편리성이 있지만 장기적으로 보면 불법성, 공적라인의 무력화와 사기저하 등의 폐해를 가져오는 암적인 존재이이며 더 심하게 표현하면 마약과 같은 성격을 가진다.

　따라서 권력은 비선라인을 조직하고 가동하고 싶은 강한 충동과 유혹을 느낄지라도 그것을 과감히 떨쳐버리는 용기가 필요하다. 마약이 그러하듯 처음에는 황홀하고 달콤하지만 나중에는 값비싼 대가를 치러야 한다는 사실을 우리 역사가 보여주고 있음을 명심해야 할 것이다. 혹자는 권력에 있어서 비선라인은 필요악이라며 어쩔 수 없이 있어야 된다고 생각할 수도 있다. 그러나 권력의 비선라인은 항상 얻는 것보다 잃는 것이 훨씬 많았다는 사실을, 대한민국이 1948년 건국된 이후 60여 년간의 우리 현대정치사가 실증적으로 보여주고 있지 않은가?

(2010. 7. 25, 「안산인터넷뉴스」·「서부뉴스」'정웅교 칼럼')

X. '공정한 사회' 어젠다의 양면성

　　이명박 대통령이 8 · 15경축사에서 언급한 '공정한 사회' 구현
이라는 Agenda가 여야의 새로운 '가치(value), 경쟁(대결), 프레임
(frame, 틀)'을 형성하며 우리 사회에서 가치 논쟁이 활발하게 벌어지
고 있음을 볼 때, 대통령의 '공정한 사회'라는 어젠다 제시는 일단 성
공적이라고 할 수 있다.

　　여권이 '가치 대결 프레임'을 선점하고 야당을 그 프레임에 끌어
들임으로써 정국 주도권을 확보해나가게 된 것이다.

　　지난 6 · 2지방선거에서 야권이 '초중고 무상급식'이라는 가치
대결 프레임을 선점하고 여기에 여당이 불가피하게 끌려들어 가 말려
듦으로써 선거 이슈가 '천안함 침몰 사건' 이슈에서 벗어났고, 야권이
승리하는 주요 요인이 되었던 사례는 가치 대결 프레임을 누가 먼저

형성하고 선점하느냐가 매우 중요하다는 것을 일깨워주고 있다

　야권은 '공정한 사회'를 전가의 보도처럼 활용하며 정부·여당의 불공정성을 공격하고 있다. 야권이 '공정한 사회'를 정부·여당을 공격하기 위한 수단과 무기로 사용할지라도 일단은 여권이 만든 프레임 안으로 야권이 들어왔다는 측면에서 여권이 정국 운영의 주도권을 확보했다고 할 수 있다.

　비록 이 '공정한 사회' 덫에 걸려 김태호 대통령 후보자, 신재민 문화체육관광부 장관 후보자, 이재훈 지식경제부 장관 후보자가 낙마하여 큰 후유증을 앓고 있는 여권이지만 오히려 '공정한 사회'를 더 강화시킬 수 있는 전화위복의 계기를 마련한 셈이다.

　'공정한 사회'의 사전적 의미는 '공평하고 올바른 사회'이고, 좀 더 구체적으로 규정하면 '공정한(공평·균등한 기회와 약자에 대한 적절한 배려가 있는) 제도와 법을 확립하고, 그 제도와 법을 공정하게 (공평·균등하고 올바르게, 또는 불편부당하게) 적용·집행하고, 그 적용·집행 결과에 모두가 승복하며, 그 적용·집행과정에서 생긴 낙오자도 재기할 수 있도록 배려하는 사회'라고 규정할 수 있다.

　'공정한 사회' 구현은 먼저 공정한 제도와 법을 만든 후에 그것을 공정하게 적용·집행하는 의식과 관행이 정착되어야 하기 때문에, 단기간에 '공정한 사회' 구현을 성취하는 것은 불가능하고 지속적인 노력과 개혁을 통해 달성이 가능하다.

　그런데 만약 '공정한 사회' 구현 어젠다가 6개월~1년 정도 유행하다가 '쓰나미(tsunami)'처럼 사라져버리거나, 양두구육(羊頭狗肉, 선전은 버젓하지만 내실이 따르지 못함을 비유. 원래 양의 머리를 걸

어 놓고 개고기를 판다는 뜻으로 "懸羊頭賣狗肉 현양두매구육"의 준말. 즉 좋은 물건을 간판으로 내세우고 나쁜 물건을 팔거나, 표면으로는 그럴듯한 대의명분을 내걸고 이면으로는 좋지 않은 본심이 내포되어 있는 것을 일컬음. 두산백과사전)처럼 되거나, '신드롬(syndrome, 어떤 것을 좋아하는 현상이 전염병과 같이 전체를 휩쓸게 되는 현상. 네이버 국어사전)' 현상처럼 되어버린다면, 정권이 초기에 얻었던 이득에 비하여 나중에 지불해야 하는 대가가 훨씬 클 수도 있다는 데 유의해야 할 것이다. 즉, 혹여 이것이 당초에는 의도하지 않았지만 쓰나미 · 양두구육 · 신드롬처럼 되어버린다면, 국민은 위정자의 장단에 맞추어 자신들이 놀아났다는 느낌의 배신감을 가지게 될 것이다. 또한 위정자가 일시적으로 국민을 현혹시켜 대중조작(大衆操作, mass manipulation, 정치권력을 가진 엘리트가 강제력을 쓰지 않고서 대중을 조종하여 정치적 · 사회적 목적을 실현하려는 사회통제양식. 두산백과사전)을 했다고 의심하는 불신감을 국민이 가지게 될 수도 있다. 또 국민은 이슈가 어느 날 갑자기 소멸되었을 때 오는 허탈감을 경험하게 될 가능성도 있다.

결국 이것은 정권에 대한 불신과 정치적 부담으로 돌아올 개연성이 있는 것이다.

과거의 예를 보자. 김대중 대통령 시절의 '제2건국운동'은 일시적으로 과열되다가 나중에는 완전히 잊힌 어젠다가 되었다.

2010년 3월 26일 발생한 '천안함 침몰사건' 이후 안보이슈가 크게 부각되다가 6 · 2지방선거 직후에는 갑자기 상황이 돌변하여 '언제 그랬냐' 하는 식으로 뜨거웠던 이슈가 잠잠해지자 국민은 배신감과 허탈감을 느끼게 되었을 것이다. 따라서 '공정한 사회' 구현은 일시적인 과열현상 또는 도그마(dogma. 독단적인 신념이나 학설)에 빠지지 않도록 유의하며, 요란한 구호와 정치적 수사를 절제하고, 지속적으로 내실 있게 실천·추진·관리하는 것이 바람직하다는 것을 지적하고자 한다.

정부·여당 입장에서 보면 '공정한 사회' 구현이라는 국정 기조(구호)가 〈공정 사회 부메랑〉, 〈공정 사회 덫〉, 〈공정 사회 굴레〉, 〈공정 사회 족쇄〉, 〈공정 사회 마녀사냥〉이라는 예기치 않은 역풍으로 나타날 위험성을 안고 있다.

앞으로 야당, 비판적 언론, 시민단체 등이 '공정한 사회'라는 잣대와 무기로 정부·여당을 공격할 것이며, 경우에 따라서는 정부·여당으로서는 국정운영의 발목이 잡히고 많은 희생이 수반될 가능성도 있다.

〈공정한 사회〉, 〈정의(로운) 사회〉, 〈신뢰의 사회〉, 〈상생의 사회〉는 서로 동전의 양면과 같은 관계이다.

이러한 사회는 우리가 지속적으로 추구해야 되는 가치이자 목표인 것이지 대중가요처럼 한때 유행하다가 우리의 뇌리에서 사라지는 가벼운 주제가 아니라는 것을 우리 모두 명심해야 할 것이다.

(2010. 9. 12, 「안산인터넷뉴스」·「서부뉴스」 '정웅교 칼럼')

XI. 6 · 2지방선거 표심읽기, 그 원인을 찾아서

6 · 2 지방선거 결과 예상을 뒤엎고 한나라당이 패배하고 민주당이 승리하였다. 이러한 표심의 배경과 원인에 대하여 연일 언론이 보도하고 TV 토론에서도 이것이 뜨거운 이슈가 되고 있다.

여론조사 전문기관 리얼미터가 지난 6월 3일 한나라당 패배 원인에 대한 의견을 조사한 결과(전국 19세 이상 남녀 700명을 전화로 조사, 표본오차는 95% 신뢰 수준에서 ±3.7%p), 4대강 추진 때문이라는 응답이 3명 중 1명꼴인 34%로 가장 많았고, 천안함 사태 등 북풍에 대한 역풍이라는 의견이 12.4%로 뒤를 이었다. 다음으로 세종시 수정안 추진(9.9%)에 원인을 돌린 응답자가 3위로 나타났으며, 노무현 전 대통령 서거 1주기 등 노풍(盧風)이라는 응답이 7.4%로 4위에 올랐고, 야권 단일화 효과(7.2%), 박 전 대표의 비협조(7.0%), 잘못된 공천(5.7%) 순으로 조사됐다고 한다.

지지정당별로는 다소 의견차를 보여, 한나라당 지지층은 박 전 대표의 비협조 때문이라는 응답이 13.7%로 4대강 추진(13.4%) 의견과 함께 많은 비중을 차지했고, 야권 단일화 효과(11.7%)가 뒤를 이었으나, 민주당(45.8%)과 자유선진당(34.8%) 등 주요 야당 지지층은 4대강 추진 때문이라는 응답이 압도적으로 높게 나타났다고 한다.

사람에 따라, 정당에 따라, 전문가에 따라 이번 선거의 표심에 결정적인 영향을 미친 요인에 대하여 여러 가지 의견과 분석이 있을 수 있으며, 앞의 리얼미터 여론조사도 하나의 분석일 수 있다. 여기서는 그동안 언론에 보도된 여러 가지 분석과 필자의 판단을 종합하여 6·2지방선거 표심의 원인을 정리해보고자 한다.

첫째, 1995년부터 시행된 우리나라 전국동시지방선거에서, 전통적이고 일반적인 패턴이 있다. 그것은 집권 정부·여당에 대한 중간평가 및 견제심리로 인하여 여당의 안정론 대 야당의 견제론 대결에서 늘 여당이 패배한다는 공식으로, 이번 선거도 예외는 아니었다.

정권이 집권한 지 몇 년이 지나면 정권 초기 국민이 가졌던 기대수준을 정권이 충족시키지 못하고 실정이 나타나서 국민 다수에게 실망감을 주게 된다. 또한 정권을 적절히 견제해야 되겠다는 심리가 작용하여 부동층 유권자 또는 중도층 유권자들이 야당을 지지하는 것이다. 이것은 야당이 누리는 반사이익이라고 할 수 있다. 특히 이번 선거를 앞두고 각종 여론조사에서 천안함 사건 등으로 인해 여당이 압승하는 것으로 나타나자 이에 견제심리를 가진 유권자층이 위기의식을 갖게 되어 결집하고 그 층이 확대되는 현상이 나타났다. 그래서

20~40대 젊은 층의 투표율이 과거 선거보다 많이 올라갔다.

특히 평소 여론조사에서 응답하지 않았던, 즉 숨어 있는 야권 지지성향 약 10~15%가 반영되지 않은 여론조사결과가 여당에는 방심과 자만을, 야당에는 위기의식과 분발을 촉진시켰다. 이와 같은 여론조사의 오류는 젊은 층이 일반전화를 많이 사용하지 않고 이동통신을 주로 사용하다 보니 일반전화를 통한 여론조사에서 젊은 층의 의견이 제대로 반영되지 않을 가능성이 많고, 또한 천안함 사건 와중에 브래들리 효과가 있었기 때문이라고 예측할 수 있다.

1982년 미국 캘리포니아 주지사 선거에서, 백인 유권자들은 많은 사람의 지지를 받는 흑인인 토머스 브래들리 민주당 후보를 반대할 경우, 인종차별 자라는 비난을 받을 소지가 많을 것이라고 두려워하여 백인 유권자들이 여론조사에서는 속마음과 다르게 브래들리를 지지하는 것처럼 응답하는 바람에 여론조사결과 브래들리가 86%라는 압도적 지지율로 우세했다. 그러나 선거결과는 브래들리가 1.2% 차로 조지 듀크미지언 공화당 후보에게 졌다. 이 사건을 계기로 브래들리 효과(Bradley Effect)라는 용어가 생겨났다. 천안함 사건이 발생한 상황에서 사회 분위기가 마치 야당 후보를 지지하면, '친북주의자'로 간주될 수 있고 자신이 국민 다수 여론과 동떨어진 생각을 갖고 있는 것으로 간주되는 것을 두려워하여 여론조사에서는 실제 자신의 생각과 다르게 응답하거나 무응답함으로써 야권 지지성향 약 10~15%가 숨어 있었던 것으로 추정이 가능하다. 따라서 6·2지방선거에서 브래들리 효과가 있었다고 할 수 있다.

만약 여당이 압승할 것이라는 여론조사가 계속 나올 때, 여기에는 거품이 이 있으며, 반작용이 나타날 것이라고 여당이 예상을 하고 대비책을 강구했더라면 여당이 참패를 모면했을 수도 있다. 그러나 여당은 도리어 압승 여론조사를 즐기며 자만했던 것이다.

둘째, '북풍'(천안함 사건)은 여당에 독(역풍)이 되었고 '노풍'은 야당에 보약(순풍)이 되었다.

천안함 사건이 보수층을 결집시켜 여당이 압승할 것이라는 여론조사 때문에 보수층 유권자가 방심하여 기권하고, 여당과 선거관계자 등이 낙관하여 선거운동을 소홀히 하게 되었다. 반면에 천안함 사건으로 야당은 위기감을 느껴 결집하고 후보를 단일화하며 선거운동을 더욱 치열하게 하였다. 또한 야권은 정부 · 여당이 천안함 사건으로 전쟁분위기를 조장하고 안보 이슈를 부각시켜 선거에 이용한다고 공격했는데, 젊은 층과 중도 · 진보층 유권자가 이러한 야당의 주장에 공감했던 것이다.

역대 선거에서 북한 관련 이슈에 의해 생기는 이른바 '북풍'의 영향력은, 1987년 12월 16일 13대 대선 당시 그해 11월 29일 KAL기 폭파사건으로 여당인 민정당 노태우 후보가 승리한 이후로는 오히려 예상과는 달리 여당에 역풍으로 작용하였다. 예컨대 16대 총선(2000년 4월 13일) 사흘 전인 4월 10일, 남북한은 같은 해 6월 평양에서 제1차 남북정상회담을 개최키로 합의했는데, 당초 예상과 달리 "총선용 신(新) 북풍"이란 역풍을 맞은 여당인 민주당은 96석에 그쳤지만 야당인 한나라당은 112석을 차지했다. 2007년 10월 2일 고(故) 노무현 전 대통령과 김정일 북한 국방위원장이 평양에서 만났고, 10월 4일 제2차 남북정상회담에서 양측은 10 · 4공동선언을 발표했다. 그러나 같은 해 12월

19일 17대 대선에서 야당인 한나라당 이명박 후보가 승리했다.

한편 노무현 전 대통령 서거 1주년이 투표일 10일 전이어서 소위 '노풍'이 불었다. 북풍의 여파로 야권이 기대했던 것만큼 큰 바람은 불지는 않았지만 노무현 전 대통령을 지지했거나 동정하는 사람들을 결집시키고 이들로 하여금 투표장에 가서 야당을 찍도록 하는 데 상당한 영향을 미친 것은 분명하다.

셋째, 선거과정에서 정부 · 여당의 주요 정책인 세종시 수정과 4대강 살리기 사업에 대한 야권의 반대공세와, 야권의 공약인 초 · 중교 무상급식에 대한 유권자 호응도가 높았다.

이번 선거에 나타난 표심으로 봤을 때, 정부 · 여당은 세종시 수정을 추진할 수 없게 되었고, 4대강 사업은 야권의 견제로 향후 추진하는 과정에서 여러 난관에 봉착하여 과거처럼 추진 속도를 낼 수 없게 되었다.

세종시 수정은 국가 백년대계 차원에서는 일리가 있으나, 충청권 주민 대다수와 야권이 극렬하게 반대하는 상황에서 무리하게 추진하는 것은 극심한 국론분열로 인한 사회적 비용이 너무 크고, 정부 · 여당 입장에서는 집권 기반 자체가 약화되고 재집권 가능성이 낮아지는 등의 문제점이 있으므로 폐기하는 것이 타당하다고 본다. 4대강 사업은 국가적으로나 해당 지역적으로나 필요한 사업이나 절차상의 문제, 의견 수렴 문제, 환경 문제 등에 소홀히 하여 반대 여론이 많이 생겨났으며, 야권 입장에서는 이명박 서울시장이 소위 '청계천 효과'에 힘입어 결정적으로 대통령에 당선되었듯이, 2012년 12월 대선에서 한나라당이 '4대강 효과'에 힘입어 재집권할지 모른다는 우려가 있는 것도 숨길 수 없는 사실이다.

넷째, 보수의 분열과 후보난립, 진보의 단결과 후보단일화가 여당에는 패배를, 야권에는 승리를 안겨주었다.

2006년 5·31 지방선거에서 한나라당이 호남권을 제외하고 전국적으로 압승하여 지방권력을 장악하고 있었던 관계로 자만하거나 여유를 부려, 공천에서 현역을 많이 물갈이하면서 공천에서 탈락한 현역 단체장 등이 수도권, 강원, 영남권에서 대거 무소속으로 출마, 당선됨으로써 한나라당 후보가 낙선하거나 당선되더라도 많은 표를 잠식당했다. 여당 참패의 지표 중 하나인 기초단체장 당선자 수가 한나라당이 82명, 민주당이 92명인데 이는 공천을 자만하지 않고 좀 더 신중하게 했다면 얼마든지 극복할 수 있는 문제였다.

만약 경남도지사를 연임하고 있는 김태호 지사가 출마포기를 하지 않고 출마했다면, 무난히 당선됐을 것이고, 이렇게 되면 광역단체장 당선자 수에서 한나라당과 민주당이 각각 7명이 되고 선진당과 무소속(제주)이 각각 1명이 됨으로써, 한나라당과 민주당이 무승부가 될 수 있었던 것이다. 또한 세종시 수정에 반대하여 충남 지사직을 사퇴한 이완구 전 지사를 삼고초려하여 공천하였다면, 충남지사 선거에서 한나라당이 승리할 수도 있었다.

이렇듯 한나라당이 자만하지 않고 공천을 잘하였다면, 다른 악재에도 불구하고 최소 민주당과 무승부는 할 수 있었다는 추정이 가능하다. 16명 교육감 당선자 가운데 진보성향이 6명인데 호남지역 3명을 제외한 서울, 경기, 강원은 보수의 분열과 진보의 단일화에 기인되는바, 보수진영의 각성이 요구되는 부분이다.

중앙선관위 최종 개표 결과에 근거해서 정당별 전국 광역단체장 선거 득표수를 합산한 결과, 한나라당은 944만 1,701표를 얻었고, 민주당은 631만 4,535표를 얻었다. 순수 민주당 득표수에 경기 유시민 후보, 경남 김두관 후보, 울산 민노당 · 진보신당 후보가 얻은 표를 합산하면 민주당과 진보진영 광역단체장 후보들은 총 938만 3,456표를 얻어 근소한 격차로 한나라당에 뒤졌다. 이번 선거에서는 과거와는 달리 영남, 호남, 충청에서 지역구도가 많이 완화됨으로써 선거문화의 선진화 가능성을 보여주고 있다.

다섯째, 여당의 선거전략 부재가 패배의 한 원인이었다.

만약 여당이, 여러 가지 악재가 있었다고 해도, 공천 실패, 이슈 개발 및 선점 실패, 천안함 사건으로 인한 사회 분위기에 무임승차하여 선거에서 쉽게 이기려는 안일함 · 방심 · 자만 등의 우를 범하지 않았다면, 여당이 패배하지는 않았을 것이다.

결론적으로 이번 선거결과는, 여권에 대한 견제심리와 여러 가지 민심이반 쟁점이 있었고, 이에 더하여 한나라당이 자만에 빠지고 방심함으로써 당선 가능성 우선의 공천을 하지 않았고 보수진영의 분열을 막지 못하였으며, 선거구도와 선거전략을 제대로 세우지 못해 필연적으로 생긴 도도한 민심표출의 현상으로서, 정부 · 여당의 과오에 대한 매서운 회초리요, 응징이다.

(2010. 6. 6, 「안산인터넷뉴스」· 「서부뉴스」 '정웅교 칼럼')

XII. 보수·진보진영 간 갈등구조와 천안함 사건

    일반적으로 우리 국민 의식구조에 관한 여론조사에서 나타난 이념 성향 분포를 보면 자신이 각각 보수적, 중도적, 진보적이라고 생각하고 있는 국민의 비율이 각각 대략 35%, 35%, 30% 또는 30%, 40%, 30% 되고 있다. 이는 우리 사회가 그만큼 이념적 스펙트럼이 넓으며, 이념 갈등이 심화될 여지를 가지고 있다는 의미일 것이다.

    미국은 보수성향의 공화당과 진보성향의 민주당이 있다. 영국은 보수성향의 보수당, 진보(좌파)성향의 노동당, 중도좌파 성향의 자유민주당이 있는데 지난 5월 6일 총선에서 보수당이 제1당이 되었고, 이어서 보수당과 제3당인 자유민주당 사이의 연립정부 협상이 타결됨에 따라 보수-자유당 연정이 출범하여 데이비드 캐머런 영국 보수당수가 지난 11일 새 총리에 오르게 됐다.

유럽 대다수의 국가에도 보수(우파)성향, 진보(좌파)성향, 중도 성향의 정당이 함께 있으며 정권교체가 수평적으로 이루어지고 있으며, 최근의 흐름은 각종 선거에서 보수(우파)성향 정당들이 승리하는 분위기이다.

우리나라의 경우, 지난 김대중 정부와 노무현 정부 10년은 진보정권으로 분류되고 이명박 정부는 보수정권으로 분류된다. 보수진영과 진보진영 간 상호 평화적인 정권교체는 사회발전에 긍정적으로 작용한다.

한국에 있어서 보수 · 진보진영 간 '정권교체 10년 주기설'이 있다. 1987년 이후 대통령직선제 하에서 보수정권인 노태우, 김영삼 정부 10년 다음에 진보정권인 김대중, 노무현 정부 10년이 있었고, 그다음에 보수정권인 이명박 정부로 교체되었고 2012년 차기 대선에서 또 보수정권으로 이어질지 지켜볼 일이다.

미국에서는 보수인 공화당과 진보인 민주당이 대체로 8년을 주기로 정권이 교체되어왔다. 아마 한국이든 미국이든 국민이 10년 정도 어느 당에 정권을 맡기고 나면 실정과 실망감이 생겨 교체지수가 높아지기 때문일 것이다.

위키백과의 설명에 따르면 보수주의(保守主義)는 현상 유지(status quo)와 더불어 점진적인 변화를 추구하는 정치이념으로, 미국의 사회학자 로버트 니스벳(Robert A. Nisbet, 1913~1996)은 그의 저서인 '보수주의: 이상과 현실(Conservatism: Dream and Reality)'에서 보수주의의 특징을, '정치적으로는 자유주의를 지향, 경제적으로는 재산권 보장의 확립, 사회적으로는 법치 구현을 추구하는 것'으로 분야별로 나누어 설명하고 있다. 보수주의를 우파로 부르기도 하며, 작은 정부, 시장경제, 규제 완화, 성장, 경쟁, 효율성 등을 중시하는 편이다. 반면에 진보주의 또는 혁신주의는 정치 · 경제 · 사회 체제의 개혁 또는 변혁을 선호하는 정치 이념으로 좌파라 부르기도 하며, 큰 정부, 분배, 평등, 복지, 환경 등을 중시하는 편이다.

우리나라는 특히 분단 상황에서 보수와 진보진영 간 남북관계 이슈를 보는 시각이 판이하게 달라 많은 갈등이 생겨나고 있다.

보수 진영은 기본적으로 반공 · 반북의 입장과 북한정권에 대한 강한 불신을 가지고 있으며, 북한정권은 타도의 대상이고 흡수통일을 선호하는 편이다. 북한에 대한 지원은 일방적 퍼주기이며 북한정권의 수명을 연장시키고 우리에게 무력도발로 되돌아오는 것이라고 비판한다.

진보 진영은 친북 좌파라는 평가를 받는 경우가 많으며, 북한정권에 대해 우호적이며 남북공존을 선호하고 북한정권의 붕괴와 흡수통일을 반대하는 편이다. 햇볕정책, 대북포용정책 등이 진보정권의 대북 핵심정책이었다. 이러한 입장과 가치관의 차이가 이번 천안함 사건에서도 극명하게 나타났다. 지난 3월 26일 사건이 발생한 이후 보수진영은 당연히 북한소행으로 여겼고 진보진영은 다른 요인에 의해 발생한 것으로 여겼거나 애써 그렇게 주장했다.

지난 5월 20일, 천안함 침몰사건 민군합동조사단의 조사결과가 발표되기 전까지 보수진영은 결정적 증거(스모킹 건)가 나와서 북한과 진보진영을 꼼짝 못하게 하는 상황을 간절하게 고대했을 것이고, 진보진영은 결정적 증거가 나오지 않아 북한이 혐의에서 벗어남으로써 보수진영이 궁지에 몰릴 수 있기를 간절히 열망했을 것이다. 이러한 신경전 이면에는 6·2지방선거에서 서로 유리한 국면이 조성되기를 바라는 이유도 있었을 것이다.

불행 중 다행하게도 북한소행임을 입증할 수 있는 결정적인 증거가 나옴으로써 보수·진보 진영 양측 간 갈등과 소모전을 줄일 수 있는 상황이 되었고 또한 국제사회에서 대북제재의 공조체제를 이끌어낼 수 있는 기초 토대가 만들어졌다.

결정적인 증거를 찾지 못했다면 양 진영의 유불리를 떠나 극심한 국론분열이라는 천안함 사건의 후폭풍으로 인해 또 다른 국가적인 중대 위기로 치달을 수 있는 상황이었다.

가령 우리 사회에서 46명을 죽인 살인사건이 발생하였고 그 살인용의자를 잡았다고 하더라도 범행의 심정과 정황증거는 있으나 명확한 직접적인 증거를 못 찾아 살인용의자를 처벌하지 못하게 되었다면, 피해 당사자는 얼마나 억울할 것이며, 그 살 분노가 얼마나 클 것인가 상상하기도 끔찍한 일이다. 지난 5월 22일 동아일보 보도에 따르면, 동아일보가 코리아리서치센터에 의뢰해 민군합동조사단의 천안함 조사결과 발표 직후 전국 당인 남녀 700명을 대상으로 긴급 직접 전화여론조사를 실시한 결과, 응답자의 72.2%가 '합조단의 발표대로 북한소행임이 분명하다고 생각한다'라고 압도적으로 답했고, 응답자의 21.3%가 '북한 소행이라는 합조단 발표를 신뢰할 수 없다'라고 답함으로써 앞으로 사고원인을 둘러싼 국민 간 갈등은 크지 않을 것으로 전망된다.

'이번 선거에서 지지후보를 결정하는 데 천안함 조사결과 발표를 고려하겠느냐'는 질문에 응답자의 71.0%가 '영향을 미치지 않을 것'이라고 답했고, 자신의 투표에 영향을 미칠 것이라고 대답한 사람(16.7%) 가운데 '여당후보 지지 쪽으로 마음을 바꿨다'는 응답(8.9%)이 '야당후보 지지 쪽으로 마음을 바꿨다'는 응답(7.8%)보다 조금 많았다.

이것은 긍정적으로 보면 북한 이슈(북풍)가 과거와는 달리 이제는 선거에 큰 영향을 미치지 않는다는 것을 보여주어 국민의식이 성숙되어가고 있음을 나타내고 있으며, 부정적으로 보면 우리 국민이 안보 이슈에 둔감해져 안보 불감증에 빠져 있는 게 아닌가 하는 우려를 할 수도 있다.

앞의 여론조사 결과에 보듯이, 이번 천안함 사건이 선거에 큰 영향을 미치지 않을 것으로 나타나고 있다. 그런데도 야권은 혹시나 선거에 불리할 것을 우려한 나머지 객관적·과학적으로 밝혀진 조사결과조차도 받아들이지 않으려 하고, 북한의 잘못에 대해서는 일언반구도 언급하지 않고 오히려 우리 군과 정부만 탓하고 있다.

비록 이러한 행태는 보수·진보진영 간 이념의 차이, 선거의 유·불리를 고려한 전술·전략일지라도, 사회구성원 누구나 국가이익과 우리 공동체의 보존을 위해 노력해야 하는 국민의 책무를 저버리는 반사회적·반국가적 행위로 비판받을 수도 있다. 또한 만약 미래에 언젠가 현재의 야권이 집권했을 경우 과거의 이러한 행위들이 부메랑으로 돌아와 국가경영과 사회 통합을 이루어 나가는 데 큰 멍에가 될 수 있음을 명심해야 할 것이다.

(2010. 5. 23, 「안산인터넷뉴스」·「서부뉴스」 '정웅교 칼럼')

Korean Politics

제2부
한반도 정세와
국제관계

Ⅰ. '김일성 조선'과 '김일성 당', 그리고 3대 세습 체제 공식화

2010년 9월 27일 김정은(金正恩)이 김정일로부터 대장칭호를 부여받고, 그 다음 날인 9월 28일 개막한 제3차 북한 노동당 대표자회에서 김정은이 당 중앙위원회 산하 중앙군사위원회 부위원장과 당 중앙위원회 위원에 임명됨으로써 김정일의 삼남인 김정은(27세)으로 3대 세습 체제가 공식화(내정)되었다.

20세기 이후 현대사에서 3대 세습이 이루어진 유례가 없는 전대미문(前代未聞)의 역사적 사건이, 그것도 한반도와 우리 민족의 반쪽 진영에서 일어났다는 데 그 비극이 있다.

미국의 정치학자 텍사스대 제이슨 브라운리(Jason Brownlee) 교수가 2007년 논문 '현대 독재국가에서의 권력세습'에서 1945년부터 2006년까지 3년 이상 집권한 258개 독재국가에서 권력세습 사례를 조사하였더니 모두 23차례의 권력세습이 시도되어서 9차례 성공 (39%의 성공률)하였다고 한다.

더욱이 3대 세습은 현대사에서 유일무이하니 북한이 권력세습 분야 노하우에서는 타의 추종을 불허하여 다른 독재국가로 그 노하우를 수출·전수할 자격이 있다고 해도 과언이 아닐 것이다.

북한의 권력 세습 작업은 장기간에 걸친 주도면밀한 연구와 검토, 대국민 심리전과 홍보전략을 세워서 치밀하게 이루어진다. 이러한 연출의 총책임자가 김기남 노동당 선전담당 비서 겸 선전선동부장이라고 한다.

북한의 체제 선전 및 역사 조작의 대가로 알려진 그는 김일성종합대와 만경대혁명학원을 졸업하였고 40세 때인 1966년 노동당 선전선동부 부부장을 맡은 이후 40여 년간 김일성 부자 우상화와 홍보활동에 몸담았다고 한다(동아일보 2010.10.2.).

김정일과 김정은의 각각의 후계 구축과정을 비교해보면 비슷한 패턴이 있기도 하고 파격적으로 상이한 면도 있다(동아일보 2010.9.29.). 김정일은 1964년(22세)에 노동당 조직지도부원으로, 김정은은 2010년(27세) 인민군 대장으로 각각 공직을 시작했다.

김정일은 1974년(32세) 당 중앙위 정치위원 선출을 계기로, 김정은은 2010년 당 대표자회 중앙군사위원회 부위원장 및 당 중앙위원 선출을 계기로 각각 후계자로 공식 내정되었고, 김정일은 20년간 아버지로부터 비호를 받고 숙성되었던 것에 비하여, 김정은은 아버지로부터 비호기간이 몇 년이 될지 불확실하며 단기 속성되었으며, 후계자 내정 논리는 김정일은 능력과 성실성, 김정은은 혈통이다.

김정일은 1980년 6차 당 대회(38세)에서 당 정치국 상무위원 선출로 후계자로 공식 등장했고, 김정은은 2012년경 또는 김정일 유고 시 후계자로 공식 등장할 것으로 보인다.

김정은은 원래 1983년생인데 1982년생으로 조작됐다고 한다. 그 조작 이유는 김일성이 1912년생이며, 김정일이 1942년생이고, 강성대국 목표연도가 2012년인데 이 끝자리 2자를 맞추기 위해서 김정은을 1982년생으로 바꿨다고 한다. 가히 북한다운 발상이 아닐 수 없다.

김정은의 대장 승진은 김정은 후계체제 준비 단계가 끝났음을 의미하며, 앞으로 김정일 유고 시 또는 북한이 강성대국 목표연도인 2012년경에 김정일의 후계자로 공식 추대되는 후계체제 확립 단계와 그 후에 완전하게 김정은이 권력 장악을 하는 후계체제 공고화 단계를 성공적으로 마쳐야 후계체제가 완성된다고 할 수 있다(이기동 국가안보전략연구소 선임연구원, 동아일보, 2010.9.29. 참조).

북한 관영 조선중앙통신은 9월 28일 새벽 1시께 "김정일 동지께서 27일 인민군 지휘성원들의 군사칭호를 올려주는 데 대한 명령 제0051호를 하달하셨다. 명령에는 김경희, 김정은, 최룡해 등 6명에게 대장의 군사칭호를 올려준다고 지적되어 있다"고 보도했다. 김정은과 김경희 부장, 최룡해 전 비서, 김경옥 당 조직지도부 제1부부장은 모두 민간인으로 북한이 민간인에게 바로 대장 칭호를 부여한 것은 이번이 처음이라고 한다.

2010년 9월 28일 열린 제3차 노동당 대표자회는 당 중앙위원 124명과 후보위원 105명을 선임하고, 김정일(1997년 10월 8일 처음 당 총비서로 추대됨)을 노동당 총비서로 재추대하고 노동당 규약을 개정한 후. 당일 폐막했다.

　　이번 노동당 규약 개정을 통하여, 기존 규약에는 조선노동당을 '위대한 수령 김일성 동지에 의해 창건된 주체형의 혁명적 마르크스ㆍ레닌주의 당'으로 규정했지만, 새 규약에는 조선노동당을 '위대한 수령 김일성 동지의 당'으로 바꾸었다. 또한 '조선노동당은 김일성 조선의 부강발전과 인민 대중의 자주위업, 사회주의 위업 수행에서 불멸의 업적을 이룩했다'라는 문장에서 '김일성 조선'이라는 표현을 넣었다. 이로써 1995년 이후 노동신문 등에서 간간이 쓰던 '김일성 조선', '김일성 당'이라는 표현이 북한에서 헌법보다 상위 규범인 노동당 규약에 정식으로 등장하여 공식화되었다.

　　북한에는 왕조시대의 유물이라 할 수 있는 연호를 쓰고 있는데 김일성이 태어난 1912년을 주체(主體) 원년(元年)으로 삼아 김일성 사망 3주기인 1997년 7월 8일을 기해 모든 공식 문서와 발표문에 사용하기 시작했다고 한다(조선일보 2010.10.2. 참조).

　　이상의 사실을 비추어볼 때, 태조 이성계가 1392년 조선 왕조(일본이 식민시대 때 이를 '이씨 조선'이라고 지칭함)를 창건하고 그 후손들이 세습하여 1897년 대한제국이 탄생될 때까지 505년간 조선 왕조 시대를 이어갔듯이, 북한도 1948년 9월 9일 조선민주주의인민공화국(실제는 김일성 조선)이 창립된 이래 62년 동안 '김씨 왕조'의 3대 세습 체제를 이어가고 있는 것이다. 북한에서 이러한 정치 현상이 가능한 이유는 우리나라가 1945년 8월 15일 일본 식민지로부터 독립할 때까지는 우리 민족은 조선왕조와 대한제국, 일본식민지를 거치면서 민주주의를 경험할 기회가 없었고, 독립 직후 북한은 소련에 의해 점

령되고 1948년 사회주의 정권이 정식으로 탄생하게 된 이래 강력한 통제사회가 60여 년간 지속되었다.

때문에 북한 주민에게는 불행하게도 처음부터 민주주의 제도와 가치에 대한 개념이 결여되어 있어서 북한 정권이 구상하고 계획하는 대로 북한 주민을 세뇌하고 통제하고 이끌고 갈 수가 있었던 것이다.

– 북한 급변사태와 대남 도발 등 한반도 정세 변화 철저한 대비 –

그러나 북한이 3대 세습 체제를 완성시키고 체제가 안정하기까지는 많은 위기와 시련을 극복해야 할 것이다. 대내적으로는 3대 세습 체제 이행 과정에서 발생할 우려가 있는 주민과 군의 집단적인 반발과 소요사태, 쿠데타 등을 사전에 예방하기 위하여 억압 · 통제 · 감시체제를 강화하면서 한편으로는 식량난을 포함하여 주민의 기본적인 생계 문제 해결을 위한 노력을 할 것이다.

북한의 식량난 등 경제 문제 해결은 중국과 한국의 지원이 매우 중요하기 때문에 이를 위한 다각적인 외교 전략을 펼칠 것이며, 특히 한국과 미국에 대해서는 강온 양면 전략을 구사할 것이다. 3대 세습 체제와 궁핍한 생활 등에 대한 북한 주민과 군의 불평 · 불만을 잠재우고 사회 통합을 도모하기 위하여 대외적으로 위기 고조와 강경 분위기를 조성시키는 전통적인 수법을 동원할 가능성도 많다.

천안함 폭침 사건, 두 차례의 핵실험, 장거리 미사일 발사 실험 등도 그러한 목적의 일환이었다. 앞으로 국지적인 대남 무력 도발, 세 번째 핵실험 등을 예상할 수 있다. 북한 핵 문제 해결을 위한 6자회담이 금년 연말을 전후해서 재개되겠지만 북한은 시간을 끌면서 여러 조건을 달아 핵 폐기를 모면해 나갈 것으로 보인다.

북한은 미국 등으로부터 체제보장과 경제문제 해결이라는 두 가지 목표가 달성된다면 핵을 포기할 수도 있을 것이다. 그런데 북한의 입장에서는 핵무기는 대외적으로 미국과 한국 등 적의 공격을 사전 억지하고 적의 공격에 대한 반격(보복 공격)이 첫 번째 기능일 것이다.

북한 핵무기는 또한 대내적으로 북한 사회 구성원들에게 자긍심과 우월감을 심어줌으로써 체제를 유지시키는 강력한 제2의 이데올로기, 통치 수단 등의 기능을 하고 있기 때문에 앞의 두 가지가 해결된다고 해도 핵무기를 쉽게 포기 못 한다는 데 딜레마가 있다. 그리하여 북한의 입장에서는 기존에 개발한 핵무기는 미국 등 국제사회로부터 인정을 받아 핵보유국 지위를 획득하되, 북한이 더 이상 핵무기를 개발하지 않고 핵물질과 핵기술 등을 다른 나라와 테러집단 등에 유출(반출)하지 않는 조건으로 체제보장과 경제 지원을 받는 것을 가장 이상적인 목표로 하고 있을 것이다.

미국이 앞으로 북핵 협상에서 장기간에 걸친 문제에 너무 지친 나머지 북한의 이러한 목표에 어쩔 수 없이 동조하게 될 개연성도 있으므로 이에 대한 철저한 대비책이 요구된다. 앞에서 지적했듯이 북한의 3대 세습 체제가 진행되는 과정에서 북한 내부에 돌발상황(급변사태)이 발생할 가능성도 있고 북한이 대외적으로 특히 대남 무력 도발을 할 수 있으므로, 우리 정부는 이러한 한반도 정세 변화를 예의주시하면서 주변국들과의 확고한 국제 공조체제와 철저한 안보태세 확립으로 한반도 위기관리와 평화유지, 나아가 통일을 추구해야 할 것이다.

(2010. 10. 3, 「안산인터넷뉴스」 · 「서부뉴스」 '정웅교 칼럼')

Ⅱ. 6 · 25전쟁 발발 기원(원인)에 관한 논쟁

금년은 6 · 25전쟁이 발발한 지 60주년이 되는 해이다. 6 · 25전쟁은 우리 민족, 남한과 북한, 국제정치에 엄청난 영향을 미쳤다. 전쟁은 그 체험자에게는 절망, 참담함, 인간성의 상실 등 최악의 상황과 최고의 고통을 안겨준다. 그러나 직접 체험하지 않는 사람들에게는 전쟁은 영화나 소설에 나오는 전쟁을 보고 느끼는 정도의 슬픔과 감동과 스릴이 있는 하나의 역사적 사건으로 다가올 것이다.

6 · 25전쟁은 한반도 전체를 폐허로 만들었고 3백여만 명의 인명 손실을 가져왔다. 세계적으로는 동서 간 냉전구조를 심화시키는 계기가 되었고 미 · 소 · 중 등 강대국들의 이후 대외정책 방향에 큰 영향을 미쳤다.

대다수 일반인에게 있어서 6 · 25전쟁 발발 기원(원인)은, 북한·소련·중국 등 세 국가 중 누가 주도했는지에 대해서는 논외로 하고, '북한·소련·중국에 의한 남침'이 대체로 정설로 자리 잡고 있다. 그러나 학자들, 공산진영, 진보진영 등에서는 6·25전쟁 발발기원에 관하여 다양한 주장들이 있어왔는데 이 글에서는 그러한 논쟁들을 살펴보고자 한다.

6·25전쟁 발발 기원론은 시각과 견해에 따라 여러 가지가 있는데, 그중에서 전통주의, 수정주의, 신(후기)전통주의, 신(후기)수정주의 등이 주요 갈래이다.

전통주의 시각(견해)은 6·25전쟁은 소련 스탈린의 세계 공산화 전략의 일환으로 중국의 모택동과 협의로 북한의 김일성을 꼭두각시 또는 하수인으로 내세워 남침한 것으로 보는 주장(남침설)이다. 이 전통주의 시각은 자유진영 특히 우파진영에서 1950~1970년대까지 성행하며 또 많은 지지를 받았던 주장이었다.

이 주장과 대척점에 있는 것이 바로 수정주의 시각(견해)인데, 미국이 공산주의 진영을 자유주의 진영에 편입시키려는 전략에서 남한의 이승만 대통령을 하수인으로 내세워 북침을 했다(북침설)거나 북침을 하기 위해 북한의 남침을 유인했다(남침 유인설)는 주장이다. 이 수정주의 시각은 주로 공산진영의 주장 또는 자유진영 내의 진보·좌파적 학자들의 관점이었다.

앞의 전통주의와 수정주의는 냉전체제에서 어느 지역의 전쟁을 미국과 소련 각각의 팽창주의(패권주의)에서 기인하여 미국 또는 소련이 주도하여 일으킨 전쟁으로 보는 너무 도식적이고 단순화된 시각이라는 비판을 받게 되었다. 이에 미국과 소련이라는 국제적인 요인에 각국의 내부 요인을 고려하여 전쟁 발발기원을 고찰한 것이 신전통주의와 신수정주의이다.

신전통주의 시각의 6·25전쟁 발발 기원은 이렇다. 북한의 김일성이 남침 계획을 제안하여 소련 스탈린의 승인을 받고 중국 마오쩌둥의 지원 약속을 받고 김일성이 남침을 감행한 것으로, 일각에서 '김일성 각본, 스탈린 연출, 마오쩌둥 주연'으로 보는 견해도 신전통주의 시각이다.

신전통주의는, 특히 1991년 소련이 붕괴된 이후에 소련이 소장하고 있던 비밀문서들이 공개되면서 논의와 연구가 활발해졌다. 90년대 초 러시아에서 6·25전쟁 관련 회고록 등이 발표되고 1994년 6월 2일 러시아 옐친 대통령이 한·러 정상회담을 마친 후 한국 김영삼 대통령에게 230여 건의 6·25전쟁 관련 자료들을 넘겨주었고 그 이후에도 러시아가 보관하고 있던 여러 문서와 자료들이 공개되면서 6·25전쟁의 기원에 관한 내용이 보다 구체화되고 명확해지게 되었다.

여기서 6·25전쟁 기원과 관련 있는, 최근에 밝혀진 1949년부터 1950년 6·25전쟁 개시까지의 북한, 소련, 중국 최고지도자 간에 있었던 일들을 간단히 살펴보기로 한다.

- 1949년 3월 5일, 김일성은 스탈린에게 南侵 의사 타진했으나, 스탈린은 미군이 주둔하고 있다고 南侵을 반대하였다.
- 1949년 6월, 주한미군이 한국에서 군사고문단 500명만 남기고 철수하였고, 1949년 8월 소련이 原爆실험에 성공하였다.
- 1949년 10월, 중국 내전에서 마오쩌둥의 중국 공산당이 중국

국민당 정부를 대만으로 패퇴시키고 중화인민공화국을 창립하고, 약 3만 명의 조선족 출신 중공군 북한으로 귀환시켰다.

- 1950년 1월 12일, 미국 국무장관 에치슨이 내셔널 프레스 클럽 연설에서 한국은 미국의 방어선에서 제외된다는 이른바 '에치슨 선언'을 하였다.
- 1950년 1월 17일, 북한의 이두연 駐中 대사 환송식에서 김일성은 南侵의욕을 밝혔고 이에 스탈린이 즉시 김일성에게 訪蘇를 요청하였다.
- 1950년 3월 30일~4월 25일, 북한의 수상 김일성과 부수상 박헌영이 모스크바를 방문하여 스탈린을 설득하고 남침 승인을 받는 데 성공하였다.
- 1950년 5월 13~16일, 김일성과 박헌영이 중국 마오쩌둥을 방문, 북한이 남침했을 때 중국의 지원 약속을 받았다.
- 1950년 6월, 소련군이 북한에서 작전계획서를 입안하는 등 남침준비를 도왔다.
- 1950년 6월 25일, 북한이 소련제 T-34 탱크를 앞세우고 전면 남침하여 사흘 만에 서울이 함락되었다.

앞에서의 1949년 6월 주한미군의 철수와 1950년 1월 12일 미국 국무장관 에치슨의 선언은 한반도에서 전쟁이 일어나더라도 미국이 개입하지 않을 것이라는 오판을, 김일성과 스탈린에게 주기에 충분했으며, 1949년 8월 소련이 原爆실험에 성공하고 1949년 10월 중화인민공화국이 창립된 것은 김일성과 스탈린에게 고무적이고 든든한 버팀

목이 됨으로써 그들이 남침을 결단하게 되었던 것이다.

현재 러시아는 6·25전쟁의 기원에 대하여 남침설을 수용하고 있으나 북한은 줄기차게 북침설을 주장하고 있고, 중국은 한중수교 이전에는 북침설을 주장하다가 수교 이후에는 북침설에서 한발 후 퇴하여 애매모호한 입장을 취하고 있다. 현재 사용되는 중국의 역사 교과서에는 남침, 북침을 확실히 언급하지 않은 채 "1950년 6월 6· 25전쟁이 폭발했다"라고만 되어 있을 뿐 누가 시작했는지는 언급하 지 않고 있으며, 한국전쟁을 내전으로 규정하며 중국군의 참전 사실 을 별도로 기술하고 있다. 중국에서 6·25전쟁은 '미국의 위협에 대 항하고 북한을 원조한다'는 의미의 '항미원조(抗美援朝)' 전쟁으로 불 린다. 그런데 근래에는 중국의 학자나 언론에서 남침설을 주장하는 경향이 나타나고 있으며 점차 확산되고 있는 추세이지만 중국 정부는 여전히 중립적이다.

중국 공산당 기관지인 인민일보의 자매지 환구시보 영문판이 6 월 17일, 한국전쟁은 북한 김일성의 남침계획을 소련의 스탈린이 승 인하면서 초래됐으나 스탈린은 전쟁발발 책임을 마오쩌둥(毛澤東)에 게 슬그머니 떠넘겼다는 선즈화(沈志華) 화동사범대 교수의 인터뷰 내용을 보도했다. 이것은 매우 이례적인 현상이다.

선즈화(沈志華) 화동사범대 교수는, 구소련 붕괴 이후 공개되는 비밀문서를 집중적으로 분석해 '마오쩌둥, 스탈린과 한국전쟁'이라는 저서를 낸 바 있으며 중국 내에서 김일성의 남침설을 강력하게 주장 하는 역사학자로 통한다.

그는 인터뷰에서(연합뉴스 2010.6.17. 기사) "제2차 세계대전이 끝나갈 무렵 미국이 일본에 원자폭탄을 투하하고 스탈린은 한반도에 소련군을 진주시켰는데, 한반도를 소련 단독으로 관리하는 것을 원치 않았던 미국이 38선을 긋자고 제의해 분단이 이뤄졌다"면서 "당시 스탈린은 일본도 한반도와 같은 방법으로 관리하자고 제의했으나 미국이 이를 거부했다"고 소개했다. 그는 이어 "분단 후 남북한 모두 무력 통일을 원했으며 1948년 남북한에서 선거 후 소련과 미국이 각각 한반도에서 군대를 철수시키면서 남북 간에 작은 충돌이 발생하기 시작했다"고 덧붙였다.

그는 한국전쟁에 대해 "김일성은 지속적으로 스탈린과 마오쩌둥에게 남침 승인을 요청했으나 소련과 중국 모두 처음에는 이의를 제기했다"면서 "당시 소련은 미국과의 관계가 악화되는 것을 원하지 않았고 중국은 자국의 (대만과의) 통일에 집중하고 있었다"라고 소개했다. 그는 이와 관련해 구소련 붕괴 후 해제된 기밀문서와 중국 내 문서에서 확인할 수 있다고 밝혔다.

그는 "1950년 1월 스탈린이 갑자기 마음을 바꿔 김일성을 모스크바로 불러 비밀회담을 했고 이 자리에서 '남침을 해도 미국이 개입하지 않을 것이고 개입하기에는 시간도 충분하지 않다'라는 김일성의 판단에 스탈린이 동조하면서 남침계획을 승인했다"고 주장했다. "스탈린은 그러나 이 회담에서 김일성에게 마오쩌둥이 동아시아 문제와 관련해 깊은 이해를 갖고 있기 때문에 남침계획은 중화인민공화국의 동의 없이 수행될 수 없으며 미국이 개입하면 소련은 북한을 지원하지 않을 것이라고 밝혀 김일성이 중국을 다시 찾아 지원을 요청하게 됐다"고 부언했다.

그는 "김일성이 1950년 5월 13일 베이징(北京)을 방문하여, (남침계획과 관련해) 마오쩌둥으로부터 동의를 구하려고 애를 썼으나, 당시 마오쩌둥은 소련이 남침계획을 승인했다는데 의문을 제기하면서 당시 중국 주재 니콜라이 로슈친 대사를 통해 스탈린의 진의를 확인했다"고 했다. 그는 "이런 상황을 종합해보면 한국전쟁은 소련과 북한의 아이디어였으나 스탈린은 이에 대한 책임을 마오쩌둥에게 넘겼다"고 주장했다. 그는 "중-소 간에 동맹이 형성되자 미국은 즉각 아시아와 유럽에서 공산주의 확산 봉쇄에 나섰고 한국전쟁에도 즉각 개입했다"고 분석했다.

또한 환구시보 영문판 6월 18일 보도에서, 그는 한국전쟁 당시 중공군의 참전이 늦었던 것은 구소련 지도자인 스탈린이 한반도에서의 중국의 영향력 확대를 우려해 지연시켰기 때문이라는 주장을 제기했다. 그는 "당시 스탈린이 한국전쟁에 조기에 중공군을 보내려는 마오쩌둥의 의도에 의혹을 가졌던 것 같다"면서 "중공군이 참전해 결과적으로 한반도에서 중국의 위상과 영향력이 확대되면 장기적으로 볼 때 소련의 이익에 도움이 되지 않을 것이라는 판단을 한 듯하다"고 주장했다.

중국에서 6·25가 북한의 남침으로 시작됐다는, 국제선구도보(國際先驅導報)(관영 신화통신이 발행)의 보도가 다음날 곧바로 삭제되는 이례적인 소동이 일어났다. 국제선구도보는 6월 24일 한국전쟁 60주년 특집 기사에서 이례적으로 북한이 먼저 남한을 침략했다고 보도했는데, 이 신문은 한국전쟁 발생 상황을 일지형식으로 정리, "1950년 6월 25일 북한군대가 38선을 넘어 공격을 시작해 사흘 만에 서울이 함락됐다"고 보도했다.

　이 신문은 장문의 특집기사에서 북한의 남침에 관한 내용은 일지형식의 이 한 문장 외에는 더 언급하지 않았지만, 이 기사는 중국 정부가 공식적으로 인정해 본 적이 없는 북한의 남침설의 근거가 되는 내용이어서 주목을 받았으나. 이 기사는 국제선구도보, 신화통신 홈페이지, 다른 포털사이트 등에서 다음 날 곧바로 모두 삭제되었다.

　친강(秦剛) 중국 외교부 대변인은 6월 24일 정례브리핑에서(연합뉴스 2010.6.25. 기사 및 조선일보 2010.6.26. 기사) '구소련 외교문서에 북한이 남침을 한 것으로 되어 있는데 어떻게 보느냐'는 질문에 명확한 입장을 밝히지 않은 채 "6·25전쟁에서 얻은 교훈은 쉽게 오기 어려운 평화와 안정을 소중히 여겨야 한다는 것이다. 우리는 이미 명확한 결론을 내렸고 역사를 거울삼아 미래로 나아가야 한다"라는 원론적인 답변을 함으로써 중국 정부는 현재로서는 6·25전쟁의 남침설을 수용할 입장이 아니라는 것을 분명히 한 것이다.

　이상에서 6·25전쟁에 발발 기원(원인)에 관한 여러 시각(견해)들, 특히 신전통주의 시각과 최근 중국학자의 주장을 살펴보았는데, 신(후기)수정주의 시각에 대해서는 다음 기회에 거론하기로 한다.

(2010. 6. 27, 「안산인터넷뉴스」·「서부뉴스」'정웅교 칼럼')

Ⅲ. 일본 역사교과서 왜곡문제와 남경대학살 문제
−국내 문제와의 연관성과 동아시아 역사 문제 해결방안−

1. 서론

E. H. 카는 그의 저서 「역사란 무엇인가」에서 歷史는 과거와 현재의 끊임없는 對話이고 역사가에 의해 현재적 해석을 거치고 재구성되었을 때 진정한 역사로서의 의미를 가진다고 한다. 또한 역사는 현재를 거울삼아 과거를 통찰하고, 과거를 거울삼아 현재를 바라보며, 과거와 현재와의 대화를 통해 더 나은 미래를 창출할 수 있는 것이라고 지적한다.

이렇듯 어떤 역사적 사건에 대한 해석과 관점은 시대에 따라, 관찰자의 가치관과 목적에 따라, 정치상황에 따라 다양하게 표출되며 사건 자체가 취사선택되기도 하는 것을 우리는 쉽게 목격하고 있다.

일본 역사교과서 왜곡문제와 남경대학살 문제도 그러한 사례에 해당된다고 할 수 있다. 이 두 가지 문제가 일본과 중국의 국내 문제와 어떻게 연결되어 있는지를 검토하고 동아시아 역사 문제의 해결방안을 제시하고자 한다.

2. 일본 역사교과서 왜곡문제와 일본 국내 문제의 연관성

1) 일본 교과서 검정 제도의 변천 과정과 역사교과서의 왜곡과정

먼저 일본 교과서 검정 제도의 변천 과정과 역사교과서 왜곡과정을 살펴보기로 한다.[1]

1947년 일본은 교육기본법을 제정하였고 함께 제정된 학교교육법에서 교과서 검정 제도를 채택하였다.

1982년 6월, 1차 교과서 파동으로 한국·중국 정부가 거세게 항의하자 일본 정부는 교과서 기술 시정을 약속하였고, 그해 11월 일본 문부성은 검정 기준에 '근린제국 조항' 추가하였다.

1986년 7월, 2차 교과서 파동이 있었고, 1996년 6월, 일본 중학교 역사 교과서에 '종군위안부' 기술이 등장하였다. 그런데 1997년 1월 30일, 새로운 역사교과서를 만드는 모임이(이하 새역모) 설립되었고, 위안부 기술 삭제를 요구하게 된다.

2000년 9월, 새역모가 교과서 검정 신청본 내용을 공개(침략 미화, 황국 사관 중심)했고, 2001년 3월 일본은 새역모 교과서 등 8종 검

---

1) 「연합뉴스」, "일본 교과서 검정 관련 일지", 2011년 3월 30일자.

정 통과를 결정하였으며, 2002년 4월 "한국이 시마네 현 다케시마의 영유권을 주장하고 있다"는 주장을 담은 고교용 역사교과서 '신편 일본사'가 검정 통과되었다. 이러한 일본의 역사 왜곡의 흐름은 1947년 제정 이래 처음으로 2006년 교육기본법 개정으로 이어졌다. 이를 근거로 2008년 3월 일본 정부는 초등 · 중학교 신학습지도요령을 고시하였는데, 애국심을 강조하고, 중학교 사회 교과의 경우 남쿠릴열도 (일본명 북방영토)가 '일본의 고유 영토'라고 명시하였다.

2008년 7월 일본 정부는 중학교 학습지도요령 해설서 개정판에 독도 영유권 명기를 공식 발표하였다("다케시마를 둘러싸고 (한일 간에) 주장에 차이가 있다는 점 언급할 필요").

2009년 3월 일본 정부는 고교 학습지도요령을 관보에 고시("일본의 위치와 영역, 국가 간의 관계 등에 대해 이해시킬 것")하고, 2009년 12월 일본 정부는 고교 학습지도요령 해설서 개정판을 발표하였고 ("중학교에서의 학습을 바탕으로 일본의 입장에 기초하여 영토 문제에 대한 이해를 심화시킬 필요"), 이어서 2010년 3월 일본 정부는 초등학교 교과서 검정 결과를 발표(독도 영유권 주장 강화)하였다.

2010년 4월 중학교 교과서 검정 신청 결과를 공개(유일하게 '종군위안부' 표현 썼던 니혼쇼세키신샤 빠지고, 우익 성향의 지유샤와 이쿠호샤는 신청)하였으며, 2011년 3월 30일 일본 정부는 중학교 교과서 검정 결과를 발표하게 된다. 이번에 검정을 통과한 중학교 역사 · 지리교과서는 2006년 교육기본법과 2008년 학습지도요령 개정 후 처음 나온 것이라는 점에서 일본의 '역사 인식 변화'를 보여준다고 할 수 있다.

2) 일본 국내 문제와의 연관성

앞에서 일본 역사교과서 왜곡과정을 개괄적으로 언급하였는데 이것이 일본의 국내 문제와 어떻게 연관되어 있는지, 즉 배경에 대해서 알아보자.[2]

첫째는 일본 보수우익 집단 등을 움직이는 지도원리로서 일본정신과 일본주의, 국가주의와 국민주의, 반의회주의, 반공산주의, 반자본주의, 대아시아주의(대동아공영권론) 등이 역사교과서 왜곡문제의 배경이라는 지적이다.

둘째는 황국사관이 역사교과서 왜곡문제의 배경이라는 지적이다.

황국사관은 충효일치의 논리에 의거하고, 자국 중심주의이며 제국주의적 침략전쟁과 타민족지배를 긍정적으로 보고 있다. 황국사관이 패전 후에도 계승되고 되고 있는 요인은 1960년대부터 미국의 일본연구의 주류를 형성했던 '일본근대화론'으로 비서구국가 가운데 유일하게 근대화에 성공했다는 점이 높이 평가되어 우파들의 황국사관적 역사인식을 강화시켜주었다.

셋째, 자유주의 사관이 역사교과서 왜곡문제의 배경이라는 지적이다.

도쿄대학의 후지오카 교수는 전후 일본의 역사교육은 '도쿄재판사관', '코민테른사관', '대동아전쟁 긍정사관'에 기초하고 있다고 전제하고 이러한 사관을 탈피하기 위한 '제3의 길'로서 '자유주의 사관'을 제시하고 있다.

---

2) 「연합뉴스」김홍수, "일본의 역사 왜곡에 대한 고찰", 동아대학교 국제대학원, 2004, pp.6~20.

자유주의 사관은 '건강한 내셔널리즘'(국가에 대한 긍정적 이미지 배양), '리얼리즘'(국익과 국방의 중요성), '탈이데올로기', 부분의 이익을 전체의 이익에 우선하는 '관료주의 비판' 등을 내포하고 있다.[3)]

'자유주의 사관'에 동조하는 지식인들이 1997년 1월 '새로운 교과서를 만드는 모임'을 결성하고 운동의 방향을 교과서의 개정을 요구하는 차원을 넘어 새로운 역사교과서를 만드는 방향으로 확대하였다. '자유주의 사관'은 처음에는 일본 근현대사의 수업을 개조하기 위해 제기된 것이었으나 점차 일본의 우익 세력과 우익 계열의 정치인, 시민단체, 학자 등의 동조와 산케이신문 등 우익 보수언론의 적극적인 홍보 등에 힘입어 일본역사의 경화와 왜곡을 전면에서 주도하며 이론적 뒷받침을 하게 되었다.

넷째, 역사 문제의 정치공약화가 역사교과서 왜곡문제의 배경이라는 지적이다. 38년간(1955~1993) 지속된 자민당 정권의 독주체제가 흔들리면서 정권유지를 위해 민족주의나 국수주의의 부활을 도모하는 공약을 적극 제시하였다. 1996년 9월 자민당 간부회의에서 '독도, 조어도, 북방 4도 영유권' 주장과 야스쿠니 신사참배를 공식 결정하였다. 자민당은 군대를 보유하고 교전권을 허용하며 일왕을 국가원수로 하는 헌법 개정안도 제출한 바도 있고 일본의 재계와 언론계도 평화헌법 9조(전쟁포기, 군비 및 교전권 부인조항)의 개정을 주장하고 있다.

다섯째, 장기적 경제 불황이 우경화에 영향을 미쳐 역사교과서 왜곡문제의 배경이라는 지적이다. 경제 불황이 사회적 불안과 뒤섞여

---

3) 김호섭 외 3인, 「일본 우익 연구」, 서울: 도서출판 중심, 2000, p.220.

맹목적 애국심과 독선적 민족주의를 활성화시키고 이것이 다시 역사 왜곡으로 이어진다는 것이다.

3) 남경대학살의 문제와 중국 국내 문제의 연관성

1948년 동경 국제전범재판 판결문과 1951년 샌프란시스코 대일 강화조약 등을 통해 일본정부는 가해자로서 진작부터 남경학살을 역사적 사실로 공식적으로 인정하였다.[4] 그러나 피해자인 중국은 남경학살 문제를 1980년대 이전까지는 중국 국가 차원의 역사적 사건이라기보다는 국민당 정부 시절의 지역적·주민적 차원의 사건으로 인식하였는데 이것은 중국의 국내 문제 특히 정치상황과 밀접한 연관성을 가진다.

남경대학살은 1937년 12월~1938년 1월 당시 중국 국민당 정부의 수도 남경(난징)과 그 주변에서 일본군이 자행한 중국인 포로·일반시민 대학살 사건이다.

1949년 10월 1일, 중국 공산당은 국민당 정부를 대만으로 축출한 후 중화인민공화국을 세웠다. 그 후 양 정부는 체제경쟁을 하다가 1971년 타이완 정부(중화민국)가 국제 연합에서 축출되고 중화인민공화국이 회원국 자격을 얻음으로써 국제사회에서 중화인민공화국

---

4) 중·일 양국 전문가가 참여한 '중·일역사공동연구위원회'는 549쪽으로 이뤄진 공동연구 보고서를 2010년 1월 31일 공표했다. 가장 큰 견해차를 드러낸 것은 난징(南京)대학살(1937년)과 관련된 부분이다. 일본도 이 사건에 대해 "일본군에 의한 집단적, 개별적 학살사건이 발생해 강간·약탈과 방화가 빈발했다"며 인정했지만 희생자 수에서는 큰 차이를 보였다. 중국이 "30만 명 이상"이라고 한 반면 일본은 "최고 20만 명으로 2만 명, 4만 명이란 추계도 있다"고 주장했다.

이 유일한 합법 국가로 인정을 받게 되었고, 세계 각국이 1992년 하나의 중국을 지향하는 중화인민공화국과 국교를 수립하면서 타이완 정부와 단교하게 되었으며, 중화인민공화국은 타이완 섬과 그에 부속된 섬의 영유권을 주장하게 되었다.

사정이 이러하다 보니 1980년대 이전까지는 중국은 남경대학살 문제를 적대관계였던 국민당 정부의 문제로 인식하게 되었다. 또한 국민당 정부의 수도인 남경에서 거주하던 지배층들과 자본가들이 많이 연루되었다는 측면에서도 농민이 주축이 되어 혁명을 이룬 중국공산당 입장에서는 남경대학살에 대한 연대의식이 낮았으나 나중에 중국 정부가 개혁·개방에 성공하여 도시와 산업이 발전하고 사회 주류층이 농촌 출신에서 도시 출신으로 바뀌면서 남경대학살에 대한 연대의식이 높아졌다. 그리하여 중국은 남경대학살을 기술하는 데 있어서 시대별로 '누가 죽었나'에 대한 용어가 변화하였는데, 즉 1950~1960년대는 '남경 주민', 1970년대는 '남경 인민', 1980년대는 '중국 동포'로 기술함으로써 중국 정부의 남경대학살에 대한 인식의 변화를 엿볼 수 있다.

만약 북한의 권력층에 있는 사람들이 어떤 외부의 공격으로 다수가 사망한 사건이 발생한다면 남한 정부가 이 사건을 기술할 때도 남북관계의 변화에 따라 인식의 변화가 생기게 될 것이라는 것을 충분히 예상할 수 있다.

중국이 남경대학살을 재조명하고 관심도를 높이게 요인은 앞의 중국 내부의 문제 외에도 1982년 6월 일본의 1차 교과서 파동인 "교과서 검정 시 '화북침략'을 '화북진출'로 바꾼다"는 일본 언론 보도가 있었고 이 역사 왜곡 파동이 계기가 되어 중국은 남경대학살기념관 건립을 추진하여 1985년 8월 15일 개관하였고 1997년 남경대학살 60 주기를 맞아 기존의 3배 크기의 신관 기념관을 건립하였다.

4) 앞의 두 가지 역사 문제가 국내 정치와 결부되어 있는 현상이, 동아시 아 역사 문제해결을 어렵게 하는 이유

앞에서 일본 역사교과서 왜곡문제와 남경대학살의 문제는 각각 일본 국내 정치 및 중국 국내 정치와 밀접하게 결부되어 있음을 확인 할 수 있었다. 한·중·일 각국은 처한 정치적 상황에 따라 역사인식 과 기술을 바꾸고 있으며, 심지어 국내 정치적 목적을 위해 역사를 왜 곡하거나 이용하고 있고, 결국 이것이 한·중·일 3국에 있어서 동아 시아 역사의 공감대 형성·확산과 동아시아 역사 문제의 해결을 어렵 게 만들고 있다.

따라서 역사 문제가 국내정치와 결부되어 있는 한, 동아시아 각 국의 정치상황은 서로 다르기 때문에 각국은 동일한 역사적 사건에 대해서 인식과 기술을 달리할 수밖에 없으며 이로 인해 국가 간 갈등 이 생기게 된다.

한국은 일본의 식민지를 경험했고 남북이 분단되어 있으며 남북 간 이념 대결과 남한 내 이념 갈등이 심각한 상태이며, 자유민주주의 정치체제와 시장경제체제를 채택하고 있다. 중국은 일본의 침략을 받 았으나 식민지를 경험하지는 않았고, 국민당과 공산당 정부 간의 장 기적인 내전을 거쳐 공산당 정부가 승리하였고 중국이 70년대 말부터

시작한 개혁개방이 성공하여 경제규모 면에서 일본을 제치고 세계 2위를 차지함으로써 국제사회에서 미국과 함께 G2를 형성하고 있으나 사회주의체제와 공산당 1당 체제를 유지하고 있다. 이와 같이 한국과 중국은 일본의 침략을 받았고 피해국이고 일본에 대한 피해의식 등의 공통점을 갖고 있으나, 정치적 상황은 많이 다르다. 이것은 양국이 일본의 역사교과서 왜곡문제 대응에 있어서 사안에 따라 공감대도 있지만 상이점도 있음을 의미한다.

일본은 과거 한국과 중국을 침략했다는 데 대하여 겉으로는 책임감과 죄의식도 있지만 내면적으로는 우월감이 존재한다. 일본 정부와 정치인의 입장에서는 일본 국민의 이러한 이중성을 따라가기도 하고 오히려 자극하여 정치적으로 이용하게 되는 것이며 그 한 예가 역사교과서 왜곡사건이다.

5) 결론: 동아시아 역사 문제의 현실적인 해결방안

동아시아에서 소위 '역사 문제'가 국제적 문제로 비화돼 국가 간의 외교적 쟁점으로 부각된 것은 1980년대 이후의 일이다. 그 발단을 제공한 대표적 사건이 일본의 역사교과서 왜곡과 야스쿠니 신사 참배 문제였다. 그로부터 30년이 지난 현시점에서도 문제가 개선되기는커녕 오히려 악화됐고 갈등의 소지 또한 여전하다.[5]

앞에서 동아시아 역사 문제는 각국의 국내정치와 결부되어 있고

---

5) 이재석, "일본 역사 왜곡, 화해를 위한 첫 단추", 「경향신문」, 2011년 5월 3일자, 35면.

이것이 동아시아 역사 문제의 해결을 어렵게 하고 있다는 것을 살펴보았다. 그렇다면 동아시아 역사 문제는 정부나 정치인 차원만으로는 해결하기 어렵기 때문에 민간(학자, 시민단체 포함) 차원에서도 해결의 실마리를 찾는 노력이 있어야 할 것이다. 지금까지 그러한 노력이 있어왔지만 앞으로 더욱 강화시켜나가야 할 것이다.

동아시아 역사 문제의 현실적인 해결방안을 다음과 같이 모색해 볼 수 있다.

첫째, 앞에서 지적한 동아시아 역사 문제를 극복하고 한 · 중 · 일 3국이 상호이해를 통해 적극적으로 협력할 수 있는 기반을 조성해나가기 위해서는 한 · 일 및 중 · 일 간 역사공동연구위원회와 더불어 삼국이 공동으로 역사를 연구할 수 있는 위원회를 구성하는 것이 필요할 것이다. 한 · 일역사공동연구위원회와 중 · 일역사공동연구위원회의 성과가 지금까지는 미흡하지만 앞으로 지속적인 활동을 통해 공동의 성과물을 도출할 수 있도록 노력해야 한다.[6]

의견의 일치를 보기는 어렵더라도 우선 상대방의 생각을 이해하는 것이 중요하기 때문에 역사 공감대의 확산을 위해서는 역사 대화를 지속적으로 해 나가는 것이 필요하다. 그런 차원에서 제3기

---

6) 한일역사공동연구위원회는 2001년 10월 한일정상회담에서 역사 문제의 한일공동연구가 합의되어 발족되었다. 2005년 6월 1일 3년간의 제1기(2002.3.~2005.5.) 활동 결과보고서가 공식 발표되었다. 2007년 6월 제2기 제1차 전체 회의를 갖고 2기 한일 역사공동연구를 공식 재개하였다. 또한 2기에는 교과서분과위원회를 신설하였으며, 2010년 3월 23일 제2기 (2007.6.~2009.11.) 활동 결과보고서가 공식 발표되었다. 중일역사공동연구위원회는 2005년 4월 중일외상회담에서 마치무라 노부타카 외무대신이 역사 공동연구를 제안한 것을 계기로 출범하게 되었으며, 양국 정부는 역사 문제를 둘러싼 양국 간의 대립을 완화시키고 우호관계를 심화시킨다는 목적 하에 2006년 12월부터 중일역사공동위원회를 구성하여 연구를 진행해 왔고, 2010년 1월 31일 약 3년간의 연구 성과를 담은 보고서를 일본 외무성 홈페이지를 통해 발표하였다.

한·일역사공동연구위원회를 조속히 발족시킬 필요가 있다. 당초 한·일역사공동연구위원회는 역사 갈등을 줄이고자 하는 취지에서 발족한 것이었으나, 그간의 경험상 공동의 연구 성과물을 도출해 내기가 쉽지 않고, 그 성과물을 교과서에 직접 반영시킨다는 것은 현실적인 어려움이 있는 것이 사실이다.[7]

둘째, 한·중·일의 역사연구자·역사교육자·시민은 물론 유럽·미국의 관계자들이 함께 참가하는 역사 대화를 활성화시키고 역사공통교재를 개발함으로써 민간차원의 상호이해를 촉진할 필요가 있다.[8]

셋째, 한·중·일 민간 또는 정부 차원에서 인적·문화적 교류를 확대해갈 필요가 있는데, 이렇게 되면 상호 간 이해의 폭과 깊이가 더해짐으로써 역사에 대한 공감대도 형성될 것이다. 이러한 면에서 중국과 일본에서 일고 있는 '한류' 열풍도 상호 간 공감대를 형성하는 데 긍정적으로 작용한다고 볼 수 있다.

(2011. 5. 14.)

---

7) 이재석, 앞의 글, 35면.
8) 정재정, "한일 역사교과서 문제의 사적 전개-역사교과서 연구와 역사교과서 대화에 초점을 맞추어-", 한일관계사학회 편, 「전환기 일본교과서 문제의 제상」, 서울: 경인문화사, 2010, pp.31~32.

Ⅳ. 시진핑, 중국 차기 최고지도자 내정의 의미

지난 10월 18일 중국 공산당 제17기 당 중앙위원회 제5차 전체회의(17기 5중전회)에서 시진핑 국가부주석이 중국 공산당 중앙군사위 부주석으로 선출되어 차기 최고지도자로 사실상 확정되었다. 시진핑 중앙군사위 부주석은 작년 4중전회(중앙위원회 제4차 전체회의)를 앞두고 후진타오 주석에게 능력부족 등의 이유로 중앙군사위 부주석으로의 선출을 고사해 많은 관심을 받은 바 있다.

앞으로 이변이 없는 한 시진핑 국가부주석은 2012년 중국공산당 제18기 당 중앙위원회에서 후진타오 주석으로부터 당 총서기직을 물려받을 것으로 보인다. 이어 2013년 전인대에서 국가주석직을 정식 승계하면서 권력 승계를 마무리할 것으로 예상된다.

중국이 최고지도자를 뽑는 방법은 치밀하고 계획적으로 이루어진다. 과거 1, 2세대 최고지도자인 마오쩌둥(毛澤東)과 덩샤오핑(鄧小平)은 치열한 권력 투쟁을 거쳐 최고지도자에 올랐고, 장쩌민(江澤民)은 천안문 사태 당시 상하이시 서기로 재직 중 덩샤오핑에 의해 후계자로 발탁되었다.

장쩌민 전 주석 이후에는 마오쩌둥 전 주석 시절 드러난 1인 통치와 원로 통치의 폐단(문화대혁명과 대약진운동으로 중국을 경직된 사회로 만들고 수많은 정치적 희생자를 양산)을 줄이기 위해 최고지도자의 권력이양에 일정한 관행이 만들어졌다. 이 방법은 당내 논의를 거쳐 50대의 최고 지도자를 미리 정해 최고지도부 중 하나인 정치국 상무위원으로 승진시킨다. 그 후 최고 지도자의 자질과 요건을 교육시키고 충분한 교육이 이뤄진 시점에서 당권과 군권을 차례로 넘겨준다.

후계자를 선발하는 방식도 최고지도자로부터 지명되는 형식에서 부부장(차관)급 고위 당원의 투표로 변경되었다. 이는 후계자로 선발되기 이전에 상당한 능력과 덕망을 갖춰야 함을 나타낸다. 중국의 한 정치학자는 "시 부주석은 다른 사람의 말을 경청하는 지도자여서 다양한 계파를 조율할 능력을 발휘할 것"이라고 기대했다고 한다.

그는 자기관리에 뛰어나고 겸손하며 온화한 리더로 평가받고 있는 반면 중국 인권문제에 대한 국제사회의 비난이 일자 "새장 속이 시끄러우면 제일 시끄러운 놈을 들어내면 된다."고 말해 과묵하나 할 말은 하는 스타일로 평가받기도 한다. 리콴유(李光耀) 전 싱가포르 총리는 그에 대해 "지각 있는 사람이다. 강한 감정 절제력으로 개인의 불행이 판단에 영향을 미치지 않는 사람이다."라고 평가했다고 한다. '자부심을 갖되 자만하지 않고, 기상을 높이되 떠벌이는 되지 않고, 실무에 힘쓰고 경솔히 행동하지 않는다.'라는 그의 좌우명을 그대로 뒷받침해주는 평가이다.

일부에서는 그를 평범한 능력을 갖춘, 개척정신이 부족한 순종형 간부라는 비판 여론도 있다. 하지만 중국은 최고지도자로서의 주요 덕목으로 원만함을 꼽고 있으며, 위와 같이 가끔 표출되는 그의 직설화법은 단순한 순종형이 아니라는 사실을 보여준다.

- 중국의 변화 -

중국은 폐쇄적 공산권 국가 이미지를 탈피, 그간 단계적 개혁·개방을 통해 괄목할 만한 성장을 이룩해 올 2분기 GDP 규모에서는 일본을 앞지르기도 했다. 하지만 고속성장은 중국사회에 커다란 부작용을 낳기도 했다. 성장에 따른 분배가 고르지 못하면서 지역·계층 간 격차가 심화되고, 도·농간의 격차 또한 심각해져 도시에선 농촌에서 유입된 구직자들이 넘쳐난다. 점차 심각해지는 이런 현상을 해결하지 못하면 중국은 성장 자체가 이러한 문제에 발목이 잡힐 수도 있는 상황이라서 이는 차기 지도부가 해결해야 할 가장 크고 시급한 문제이다.

내년부터 5년간 진행될 중국 경제의 거시적 방향인 제12차 5개년 계획(12·5계획) 보고서를 이번 17기5중전회에서 채택하여 이런 문제를 그대로 반영했다. 후 주석이 주창한, 성장과 함께 분배를 강조하는 '포용적 성장(Inclusive growth)' 개념에 입각하여 이 보고서는 목표 경제성장률도 현 10%에서 7% 낮추고, 국부(國富) 위주의 성장정책에서 민부(民富) 위주의 분배정책으로 변경했다.

12 · 5 계획의 5대 원칙은, 경제구조의 전략적 조정, 과학기술 진보와 창조정신을 경제발전방식에 적용, 사회보장과 민생의 개선, 건설자원 절약과 친환경 사회 구축, 경제발전 방향의 주안점으로서의 개혁개방 등으로 규정됐다고 한다(한국일보 2010.10.18.).

또한 최근 중국 인민은행은 2007년 12월 이후 처음으로 1년 만기 예금 금리를 연 2.25%에서 2.50%로, 1년 만기 대출 금리를 연 5.31%에서 5.56%로 각각 0.25%P 올렸다. 이는 기준금리 인상을 계기로 인플레이션을 억제하고 안정성장을 유도하기 위한 본격적인 출구전략을 시작한 것이라는 분석이 나오고 있다.

8월부터 원자바오(溫家寶) 총리의 거듭된 정치개혁 발언, 원로 지식인 23인의 언론자유촉구와 노벨평화상 수상자로 선정된 반체제 인사 류 샤오보(劉曉波) 석방 요구, 중국 유력 신문들의 정치개혁 논의 보도 등에서 드러난 민주화 요구를 정치개혁을 통해 흡수하는 문제 또한 차기 지도부가 풀어야 할 숙제다.

그러나 이번 17기 5중전회 공보에 따르면 "적극적이고 타당하게 정치체제 개혁을 '추진한다"고만 표현됐을 뿐, 정치개혁이 거의 다뤄지지 않았다. 현재 원자바오 총리가 정치개혁을 강조하고 있지만, 중국 고위관료 자제모임인 '태자당'이 세력기반이었던 시진핑이 집권 후 어떻게 이 문제를 해결할 것인가는 지켜봐야 할 문제이다.

– 한국의 대응 –

시 부주석이 중국 최고지도자로 등극하는 2012년은 한반도를 둘러싼 주요강대국들이 권력교체기에 들어서면서 한반도 정세에 큰 변화가 예상된다. 한국·미국·러시아 모두 대선이 있으며, 북한은 2012년을 강성대국 원년으로 삼고 있다.

우리는 차세대(5세대) 지도부가, 그동안 천안함 사태 이후 후진타오 등 중국 4세대 지도부가 보여준 일방적 북한 옹호 기조의 변경을 희망한다. 중국의 차기 지도부는 남북한에 대해 어느 정도 균형 있는 자세를 유지하며, 북한의 개혁·개방을 유도해야 한다. 또한 6자회담 등 국제사회와 적극 공조해 북한 핵 문제를 해결해야 할 것이다.

한·중 수교가 18년째를 맞이하고 있지만, 현재 우리나라의 대(對) 중국 외교시스템이 매우 부실하다. 천안함 사태와 같은 시급한 문제로 중국과 연락을 취하려 해도 중국 외교 당국자들이 전화조차 받지 않는 사례가 많다고 한다. '전략적 협력 동반자 관계'가 단순히 수사에 그치지 않고 실질적으로 그렇게 돼야 한다. 현재 북한의 정권 3대 세습이 진행 중에 있고, 김정일 사후 북한 급변 사태 등이 발생할 가능성도 있기 때문에 중국과의 원활한 소통은 그 어느 때보다도 중요하다.

외교통상부는 대(對)중국 외교를 강화하기 위해 중국을 담당하는 과(課)를 현행 1개에서 2개로 늘리고, 본부와 중국 주재 인원 등 중국 담당 인력도 현 8명에서 추가로 20여 명 확충하는 방안을 추진 중인 것으로 알려졌다. 그러나 현재 북미국(北美局)과 같은 '중국국(中國局)' 신설 문제는 미국·일본과의 관계를 고려해 당분간 검토하지 않고 있다고 한다.

우리는 한·미동맹을 공고히 함과 동시에 한편으로는 한·중 외교관계를 실질적으로 강화하는 등 동북아 정세 변화에 능동적으로 대

처하기 위한 외교역량 강화에 나서야 한다. 다행히도 시진핑 부주석은 중국 고위관료 중에서 지한파에 속한다. 시진핑 부주석은 저장(浙江)성 당 서기 시절인 2005년과 차기 지도자로 유력해진 2009년 한국을 방문했다. 중국이 당면하고 있는 소득분배, 지역 격차 등 여러 현안 문제를 해결하기 위해 한국을 모델로 삼아 활용할 것이라는 분석도 있다.

형식상으로는 남북한과 등거리 외교를 하는 것에는 변함이 없을 것이나, 한국과는 대체로 실리적 측면의 경제협력관계가 이뤄질 것으로 보이는 반면, 북한과는 전통적 우호관계를 이어가 동맹이 강화될 것으로 분석된다.

시 부주석은 지난 8일 북한대사관에서 열린 북한 노동당 창당 65주년 경축 연회에 참석했다. 정치국 상무위원이 이 행사에 참석한 것은 처음 있는 일이고, 차기 지도자 내정을 앞둔 상태여서 그 의미는 더욱 컸다고 할 수 있겠다. 후진타오 주석 또한 "조선노동당이 부단히 발전하고 양국 우의가 대대로 이어지길 축원한다"며, 김정은 세습에 힘을 실어주고 양국 간 동맹 강화의 뜻을 내비쳤다.

중국이 연 10%의 경제성장 목표에서 연 7%로 성장세를 낮추는 목표를 세움에 따라 우리나라 대중 수출 환경은 나빠질 것으로 예상된다. 또한 중국은 향후 5년간, 4조 위안을 투입해 내륙지역 개발, 사회안전망 확충과 서비스 산업의 비중을 늘리는 한편 첨단기술 산업을 적극 육성키로 했다. 첨단기술 산업에 대한 지원은 신생에너지, 신재료, 정보기술, 바이오 및 신약, 에너지 보존 및 환경보호, 우주과학, 해양, 첨단제조업, 하이테크 서비스 산업 등 9개 분야에 집중 투입될 예정이다.

모든 분야에서 한국과의 경쟁이 불가피한 상황이다. 이는 한국과 중국의 첨단기술의 격차가 더 줄어든다는 것을 의미하며, 동등한 기술의 제품에서 가격 경쟁력에 밀린다면 한국 제품이 외면받을 수도 있음을 의미한다.

그러나 중국 내수, 서비스 산업 수출에 대한 전망은 밝다고 할 수 있다. 중국 내수, 서비스 산업은 중국의 높아진 경제력과 신흥 부자들로 인해 중요성이 커진 상태이다.

– 일본의 반응 –

일본은 최근 센카쿠 열도를 둘러싼 영유권 분쟁으로 중국과 경색국면을 유지하고 있으며, 경제적 측면에서도 국내총생산(GDP) 세계 2위를 놓고 경쟁을 하고 있는 상황에서, 시진핑 부주석에 대한 외교 스타일 분석에 나섰다. 일 언론들은 그가 대일 강경론자였던 장쩌민 전 주석의 계보를 잇는 인물이라는 평가와 함께 중국과의 외교가 한층 더 어려워질 것이라는 우려를 표하고 있다.

일 언론은 또한 그가 과거 장쩌민 주석과 같은 보수적 성향이 강한 인물이라면 센카쿠 열도 관련 문제뿐 아니라, 가스전 공동개발 문제를 포함한 동중국해의 개발권을 둘러싸고 양국 간의 긴장감이 높아질 것으로 전망했다. 또한 그럼에도 전략적 호혜관계에는 큰 변화가 없을 것이라는 조심스러운 예측과 함께 시 부주석이 엘리트 계층을 대표하는 인물이며, 군과도 밀접한 관계가 있어 군의 움직임에도 유의해야 할 것이라 평했다.

(2010.10.24.)

V. 천안함 사건과 동북아 정세

2010년 3월 26일 비극적인 천안함 침몰사건은 우리나라의 안보와 동북아 정세에 큰 영향을 미치고 있다. 최근 이명박 대통령이 중국을 방문하여 상하이에서 4월 30일 후진타오 중국 국가주석과 한중 정상회담을 하였고, 며칠 후 김정일 국방위원장이 4박 5일간 중국을 방문하여 북경에서 역시 후진타오 주석과 북 · 중 정상회담을 하였다.

과거에도 한 · 중 정상회담과 북 · 중 정상회담이 여러 차례 있었지만 이번처럼 우리 국민은 물론 세계의 큰 관심을 끈 적이 없었다. 이렇게 스포트라이트를 받게 된 이유는 천안함 침몰사건이 일어났고, 중국이 이번 천안함 사건에 대해 어떠한 인식을 가지고 있으며, 향후 사건 원인이 규명되고 난 후 중국이 어떠한 조치를 취할 것인가가 우리에게는 매우 중요하기 때문이다.

최근 국내에서는 지난 한·중 정상회담에서 후진타오 주석이 며칠 후에 있을 북·중 정상회담을 이명박 대통령에게 사전 통보하지 않은 것에 대하여 '중국이 한국을 배신한 것이다, 중국이 한국에 외교적 결례를 한 것이다, 중국은 한국을 가볍게 여기는 것이 아니냐' 등의 반응들이 외교부 등에서 직간접적으로 흘러나왔고 언론도 비판여론을 집중 보도하는 상황이 되면서 한·중 간 외교 갈등으로 비화될 조짐을 보이자 청와대와 외교부가 급히 진화하기에 이르렀다. 한편 중국 외교부 장위 대변인은 5월 6일 정례 브리핑에서 기자의 질문에 답하는 과정에서 "천안함 사건과 김정일 위원장의 방중은 별개의 문제다. 어떤 국가 지도자의 방문을 받아들이느냐는 것은 중국의 주권에 관한 사항"이라며 한국 내의 비판 여론에 대하여 강하게 반박하였다.

1945년 제2차 세계대전 종전 이후부터 1991년 소련 붕괴 시까지의 냉전체제에서 북한이 중국·소련과 함께 형성한 북방 삼각관계와 한국이 미국·일본과 형성한 남방 삼각관계의 두 삼각형이 파열음을 일으키며 접점을 이루는 꼭짓점이 바로 한반도인 것이다.

중국의 입장에서는 북한의 존재가 테러, 핵실험, 경제원조 등으로 말썽을 일으키는 불량한 형제(혈맹)이지만, 중국은 북한이 없으면 순망치한(입술이 없으면 이가 시리다)에 처하게 되고 그런 불량한 국가를 국제사회에서 대화로 다스릴 수 있는 유일한 국가라는 이유에서 오는 국제정치에서의 위상과 영향력은 막강하다고 할 수 있다. 역설적이지만 북한이 말썽을 피우면 피울수록 국제사회에서 중국의 존재가치는 돋보일 것이다. 이러한 중국의 속내를 아는 북한은 핵실험, 미사일 발사 등 큰 사건들을 중국과 사전에 상의 없이도 과감하게 저지

르곤 하는 것이다.

만약 천안함 침몰사건의 원인이 북한 소행이라는 조사결과가 나온다고 할지라도 중국은 신중한 자세로 북한의 반발을 사지 않는 범위 내에서 한국·미국·UN 등 국제사회의 공동보조에 소극적으로 동참하는 외교적 입장을 취할 것이다. 우리는 이러한 상황이 현실화된다고 해도 의연하게 대처해야 할 것이다.

1992년 한·중수교 이래 한·중 관계는 18년이라는 청소년기이고 경제관계가 주인 반면, 북·중 관계는 1949년 중화인민공화국 수립 이후 61년이라는 노년기에 접어들었고 사회주의라는 이념적 토대와 한국전쟁 시 수십만 명의 중공군 참전 등 안보관계가 주이기 때문에, 중국 입장에서는 북·중 관계가 한·중 관계보다 훨씬 더 공고하고 중요할 수밖에 없는 현실을 직시해야 할 것이다.

(2010. 5. 9. 「안산인터넷뉴스」·「서부뉴스」 '정웅교 칼럼')

Ⅵ. 치킨(겁쟁이) 게임과 남북한 대치상황

경제학이나 국제정치학의 분석도구의 하나로 게임이론이라는 것이 있는데, 원래 수학에서 온 이론이라고 한다. 게임은 참가자, 전략, 결과(몫)로 구성된다. 게임의 종류는 무수히 많은데 몇 가지로 분류하면, 참가자의 수에 따라 1인 게임, 2인 게임, 다인 게임 등으로 나누고, 몫이 참가자에게 분배되는 양상에 따라 零合(영합 zero sum) 게임, 非零合(비영합 non_zero sum) 게임으로 나누며, 의사소통 가능 여부에 따라 협조 게임, 비협조 게임으로 나눌 수 있다.

국제정치에서 '죄수 딜레마 게임(prisoner's dilemma game)'과 '치킨(겁쟁이) 게임(chicken game)'이 많이 인용된다. 여기서는 '치킨 게임'에 대하여 간단히 살펴보기로 한다.

'치킨 게임'은 조폭조직 간 싸움에서 유래되었다고 한다. 두 조폭

조직 간 분쟁이 생겨 전면적인 '전쟁'을 하면 양진영의 피해가 너무 크기 때문에 양진영의 두목이 한밤중 도로 위에서 서로 떨어져서 정면으로 마주 보고 자동차를 몰고 달린다. 둘 다 그대로 달리면 둘 다 죽거나 치명상을 입어 공멸하게 된다. 그러나 어느 한 쪽이 충돌 직전에 핸들을 돌리면 겁쟁이(chicken)가 되어 조직에서 쫓겨나고 그 조직은 상대 조직에 흡수되며 이긴 쪽이 통합 조직의 두목이 된다. 만약 양쪽 모두 충돌 직전에 핸들을 돌리면 무승부가 된다. 이 자동차 게임은 1950년대 미국 젊은이들 사이에서 유행했다고 한다.

어느 한 쪽도 양보하지 않고 극단적인 경쟁으로 치닫는 행태가 바로 '치킨 게임'이다. 이 용어가 냉전체제에서 미국과 소련 사이의 극심한 군비경쟁을 꼬집는 용어로 인용되면서 국제정치학 용어로 굳어졌다고 한다.

북한은 이 호전적인 '치킨 게임'을 가장 즐기며 게임의 결과 많은 것을 얻어내는 그야말로 '치킨 게임'의 달인 내지는 고수라고 할 수 있다. 북한의 '벼랑 끝 전술'도 '치킨 게임'과 맥을 같이 한다고 볼 수 있다.

남한에 새로운 정부가 들어설 때마다 상당기간 남한과 북한 사이에서 서로 기선을 잡으려고 강경한 노선을 취하는 경우가 많은데 이것도 '치킨 게임'의 사례이다. 2008년 금강산 관광객 피격사망 사건 이후 금강산관광 지속 여부를 놓고 남북한 간 벌어지고 있는 일련의 강경조치들도 '치킨 게임'이다.

아마도 지금까지 남북한 간 '치킨 게임' 중 가장 심각한 것이 바로 천한함 사건 이후 전개되고 있는 현재의 남북한의 대치상황일 것이다. '치킨 게임'에서 지는 쪽은, 상대 쪽이 배짱을 부려 핸들을 돌리지 않을 것으로 생각함으로써 설령 겁쟁이로 낙인이 찍기더라도 차선책으로 충돌을 피하여 살기 위하여 먼저 핸들을 돌리게 된다. 즉 상대쪽이 배짱이 두둑하거나 거칠거나 眼下無人(안하무인)이거나 별(전과)이 많다고 인식될 때 심리적으로 위축되어 핸들을 먼저 돌리게 되는 것이다. 따라서 남북한 간 '치킨 게임'에서 남북한 각각의 정부 성격, 그동안 경험적으로 누적되어온 북한의 행태, 그리고 남한과 북한의 경제규모·사회발전 정도 등에 비추어 양측의 충돌 시 남한이 북한보다 훨씬 큰 피해를 입을 것이라는 예상 등을 고려했을 때, 결국남한이 먼저 양보, 즉 핸들을 돌릴 수밖에 없다는데 우리의 고민이 있다. 이 점을 북한이 너무나 잘 알고 있기 때문에 북한이 상습적으로 저돌적이고 막무가내로 나오는 것이다. 이와 같이 남북한 게임에서 국제사회의 통제가 없는 남한과 북한의 둘만의 게임으로 방치되었을 때에는, 북한은 끊임없이 '치킨 게임', 즉 긴장을 고조시키는 도발을 걸어올 것이고, 이에 남한은 어쩔 수 없이 '치킨 게임'의 한 당사자로 참여하게 되고 어느 시점에서는 '울며 겨자 먹기' 식으로 적당한 명분을 찾아 방향을 먼저 선회함으로써 북한이 승자가 되는 악순환이 반복될 수밖에 없다고 할 것이다. 이러한 북한의 못된 습성과 악순환의 고리를 끊으려면, 북한 스스로가 改過遷善(개과천선)하여 악한 마음을 고쳐먹지 않는 한, 국제사회가 나서서 북한의 행동에 대하여 제재를 가하는 것이 그나마 현실적으로 가능한 조치이다. 이 과정에서 북한과 특수 관계에 있는 중국이 항상 장애요인이 되는 경우가 많으며 중국의 역할이 국제사회에서 항상 주목을 받는다.

소련 붕괴 이후 중국은 북한이 경제·안보 측면에서 절대적으로

의존해오고 있는 유일한 혈맹 국가로서, 중국이 북한을 버리면 북한이 더 이상 이 지구 상에서 존재할 수 없는 絶體絶命(절체절명)의 상황이기 때문에, 중국의 대북한 영향력은 막강한 것이다. 그런데 중국은 미국 또는 국제사회가 하자는 대로 대북한제재에 쉽게 동참할 수도 없는 딜레마에 처해 있다. 중국의 입장에서는 북한이라는 지렛대를 활용해 미국을 적절히 견제하고 중국의 위상과 효용가치를 높일 수 있기 때문이다.

힐러리 클린턴 미국 국무장관이 지난 5월 24~25일 베이징에서 열린 미·중 전략경제대화 종료 후 가진 양국 합동 기자회견에서 "한반도의 평화와 안정은 미국과 중국 공동의 책임"이고 "천안함 침몰 사건으로 야기된 심각한 도전에 대응하기 위해 양국은 협력해야 한다"는 등의 표현으로 중국을 압박했으나, 다이방귀 중국 국무위원은 "냉정하고 적절하게 이 문제를 처리해 긴장이 고조되는 것을 막아야 한다"며 원론적인 외교적 수사로 중국의 기존 입장을 되풀이함으로써 양측이 팽팽한 평행선을 달렸다.

원자바오 중국 총리가 5월 28일 한국을 방문하여 이명박 대통령과 회담을 가진 자리에서 "중국 정부는 국제적인 조사와 이에 대한 각국의 반응을 중시하면서 사태의 시시비비를 가려 객관적이고 공정하게 판단해 입장을 결정하겠다"고 밝히며 "중국은 그 결과에 따라 누구도 비호하지 않겠다"고 말했다고 청와대 홍보수석이 전했다. 이는 중국이 종전의 입장에서 조심스럽고 미세하게 변화하고 있음을 시사하고 있다. 미국과 함께 G2(Group of 2: 주요 2개국)를 이루고 있는 중국으로서 국제사회의 시선과 압박을 도외시할 수 없는 고육지책에서 나온 표현일 것이다. 이러한 상황으로 볼 때 미국, 영국, 프랑스, 러시아 등 UN 안보리 비토권을 가지고 있는 5개 안보리 상임이사국 중 하나인 중국이, 한국과 미국 등이 안보리에 회부할 대북제재에 대해서 기권하거나 적극적인 반대(비토)를 하지 않음으로써, 중국이 G2라는 국제사회에서의 입장과 북한의 혈맹과 후견인으로서의 입장을 절묘하게 절충하는 선에서 대북제재 프로세스가 매듭지어질 가능성이 높다.

그러나 이번 천안함 사건 관련 대북제재조치가 우여곡절 끝에 UN에서 처리된다고 해도 북한의 행태를 근본적으로 고치지는 못할 것이며, 앞으로 또 북한이 언제든지 필요에 따라 '치킨 게임'과 같은 도발을 일으켜 한바탕 소동이 일어날 것이다. 중장기적으로는 북한의 이러한 행위가 북한에 국제사회에서의 치명적인 고립과 정권의 존립 자체를 위태롭게 할 정도의 경제적인 불이익을 가져다준다는 것을 학습시켜줌으로써 북한으로 하여금 도발의 유혹을 떨쳐버리게 해야 할 것이다. 궁극적으로 한반도에서의 충돌과 긴장을 없애는 근본적인 치유책은 북한 정권이 민주화됨으로써 북한 국민이 권력의 도발, 테러 등 합리성이 결여된 행위를 용납하지 않는 정치 환경이 만들어지는 것이며, 또한 북한정권이 이렇게 변환되는 것이야말로 한반도의 평화 통일로 가는 지름길일 것이다.

(2010. 5. 30, 「안산인터넷뉴스」 · 「서부뉴스」 '정웅교 칼럼')

Ⅶ. 안보리 '천안함 의장성명'의 의미와 전망

유엔 안전보장이사회가 7월 9일 북한의 천안함 침몰 공격을 규탄하는 의장성명을 채택했다. 안보리는 이날 오전 15개 이사국 전체 회의를 소집해 전날 회람된 미국·영국·프랑스·중국·러시아 등 5개 상임이사국과 한국·일본('P5+2') 간에 합의된 의장성명을 만장일치로 최종 승인했다. 안보리 의장성명은 6월 4일 천안함 사건이 안보리에 공식 회부된 지 35일 만에 나온 것이다.

의장성명은 천안함이 공격(attack)받았다는 점을 명시하고, 이같은 행위를 규탄(condemn)하며, 한국에 대한 추가 공격이나 적대행위 방지가 중요하다는 내용을 포함했다.

성명은 천안함 침몰의 책임이 북한에 있다는 합동조사단의 결과를 인용하면서 '깊은 우려'를 표시했지만("안보리는 북한이 천안함 침몰의 책임이 있다는 결론을 내린 한국 주도하에 5개국이 참여한 '민·군 합동조사단'의 조사결과에 비춰 깊은 우려(deep concern)를 표명한다.") 직접적으로 북한을 공격 주체로 명시하거나 규탄하는 표현은 담지 않았다. 다만 지난달 발표된 G8 성명과 마찬가지로 전체적인 맥락을 통해 천안함 침몰은 북한의 행위이며, 이런 공격은 규탄되어야 한다는 형식을 취했다.

또 성명은 "안보리는 이번 사건과 관련이 없다고 하는 북한의 반응, 그리고 여타 관련 국가들의 반응에 유의한다(takes note)"라는 표현을 써서 중국과 북한의 입장도 반영했다.

천안함 폭침(爆沈) 사건을 둘러싼 숨 가쁜 외교전의 결과물이 A4 용지 1쪽짜리 11개 문장(항목) 의장성명으로 집약되었으며, 우리 정부가 외교전에서 절반의 성공을 거두었다고 평가할 만하다. 이 의장성명이 최종 탄생하기까지 한·미(韓·美)와 중국은 성명의 표현을 놓고 치열한 외교전과 각축전을 벌였다. 한국과 미국은 이 성명에 천안함이 북한의 어뢰 공격으로 격침됐고 이를 국제사회가 강력히 규탄한다는 내용을 담으려 했으나, 중국이 북한을 공격 주체로 표현한 문구를 채택할 수 없다고 버텼기 때문에 이를 반영하지 못했다고 한다.

결국 미국과 중국은 북한을 공격 주체로 명시하지 않은 채 천안함이 '공격(attack)' 당했고 안보리가 이를 '규탄한다(condemn)'는 수준에서 타협점을 찾았다. 성명이 직접적으로 북한을 규탄하지 않고, "안보리는 이번 사건과 관련이 없다고 하는 북한의 반응, 그리고 여타 관련 국가들의 반응에 유의한다(takes note)"는 표현을 담은 것은 중국 측 의지가 반영된 것이다. 특히 이 문항의 포함 여부를 두고 한국·미국과 중국·북한 간에 오랜 시간 신경전과 힘겨루기가 벌어졌다고 한다.

이번 천안함 관련 한국 외교는 중요 순간마다 중국이란 거대한 '벽' 앞에서 시련과 좌절을 겪어야 했다. 정부는 천안함을 공격한 북한을 규탄하고 도발에 따른 대가를 치르게 하기 위해 유엔 안보리 대북 조치, 서해안 한·미 연합훈련 등 외교·군사적 조치를 추진하고 있지만 중국은 한반도 안정을 내세우며 계속 제동을 걸었다. 중국은 특히 한·미의 서해 연합훈련에 대해 외교부 대변인은 물론 중국 관영 매체까지 동원해 '원수', '보복', '망상'같이 거칠고 강경한 표현을 사용해가며 강하게 반발했다.

천안함 사건 초기에 우리의 외교 당국자나 일부 전문가들은, 중국이 북한과 전통적 동맹관계로 강력한 후견인 역할을 하고 있지만, 중국이 G2의 하나로서 국제사회를 이끌어가는 위상에 따른 책임과 국제사회의 따가운 시선을 도외시할 수 없고 1992년 한·중 수교 이후 우리나라와 '전략적 협력 동반자관계'로서 양국 간 경제관계의 비중이 매우 크기 때문에, 중국이 일방적으로 북한의 입장을 두둔하지 않고 북한의 큰 반발을 사지 않는 범위 내에서 소극적으로 우리에게 협력할 것으로 기대하고 전망했었다.

수전 라이스 유엔 주재 미국 대사는 의장성명 채택 후 기자회견에서 "안보리 성명은 천안함 공격을 개탄하고, 북한에 책임이 있다는 조사에 비추어 깊은 우려를 표명했으며, 결론적으로 천안함 침몰을 초래한 공격을 규탄한다고 되어 있다"며 "따라서 전체적으로 성명의 메시지는 분명하고 잘못 해석될 수 없다"고 밝혔다.

북한의 신선호 유엔 주재 대사는 의장성명 채택 직후 기자회견을 자청해 "우리는 의장성명을 외교적 큰 승리로 여긴다"며 "천안함 침몰 초기부터 우리와 아무런 관련이 없음을 명확히 했다"고 말했다. 북한 외교부 대변인은 7월 10일 조선중앙통신과의 인터뷰에서 "아무 이유 없이 북한을 위협하기 위해 급하게 서두르던 미국과 남한의 무모한 행동이 얼마나 어리석은 계산이었는지 명백히 밝혀졌다"며 "이는 이미 예견했던 일"이라고 말했다. 또한 북한 외교부 대변인은 천안함 사건은 원래 북한과 남한 사이에서 문제를 풀어야 한다며 한반도를 둘러싼 휴전 체제의 위험과 평화 체제 구축의 시급성을 강조했다. 그는 "만일 유엔 안보리 의장 성명 이후에도 적들이 제재와 군사적 위협을 계속한다면 우리는 이에 대해 단호히 보복할 것"이라고 강조하기도 했다.

　　한편 중국 외교부는 안보리 성명이 나온 직후 한밤중에 대변인 논평을 내고 "유관 당사국들은 냉정하게 자제하는 자세를 유지하면서 천안함 사건의 한 페이지를 넘겨야 한다"며 "이른 시일 내에 6자회담을 재개해 함께 한반도의 평화와 안정을 지켜나갈 것을 호소한다"고 말했다. 이 안보리 의장성명의 의미와 성과에 대하여 한국·미국과 중국·북한이 각각 다르게 해석과 평가를 하고 있으며, 국내적으로도 여당과 야당, 학자에 따라 상이한 해석과 평가를 하고 있어 앞으로 천안함 침몰 사건 관련 논란은 계속될 것이다.

　　중국과 북한이 천안함 침몰 사건이라는 어려운 문제에 대하여 나름대로 선방했다고 만족해하고 있고 6자회담 재개를 희망하고 있으므로, 금년 안으로 6자회담이 재개됨으로써 6자회담 틀에서 또 한

번 천안함 관련 신경전이 벌어진 후, 본격적으로 북핵문제 해결을 위한 프로세스가 진행될 것이다.

한국의 입장에서는 북한의 책임을 직접적으로 명시하지 못함으로써 국내적으로 비판적 여론이 생기고 국론분열이 일어날 가능성이 있다는 아쉬움은 있지만, 한국의 당초 구상대로 의장성명의 내용이 채택되었을 경우, 북한을 벼랑 끝으로 내몰아 한반도 정세가 더욱 불안정하게 되고 남북관계가 더욱 경색되며 북한 핵 문제 해결을 위한 6자회담의 재개 여부가 불확실해지는 등의 반대급부가 수반될 가능성이 많았던 것이다.

따라서 북한이 대화와 6자회담 재개를 희망하고 있다는 메시지를 보내고 있으므로 우리 정부가 적당한 시점에 적절히 이를 활용함으로써 그동안 단절되어 있던 남북관계를 전환하는 모멘텀(momentum)으로 삼아야 할 것이다. 이러한 면을 고려할 때 만약 야권이나 시민단체 등이 안보리 의장성명 내용과 관련하여 정부가 실패한 외교라고 일방적으로 공격한다면, 이것은 정부가 북한과의 관계개선을 시도하는데 장애요인으로 작용할 우려가 있다.

※ 참고자료 1: 천안함 사태에 대한 유엔 안보리 의장성명 전문
  (외교통상부 번역)

[1] 안보리는 2010년 6월 4일자 대한민국 주유엔 대사 명의의 안보리 의장 앞 서한(S/2010/281) 및 2010년 8월 8일자 조선민주주의인민공화국 주유엔 대사 명의의 안보리 의장 앞 서한(S/2010/294)에 유의(note)한다.

[2] 안보리는 2010년 3월 26일 한국 해군 함정 천안함의 침몰과 이에 따른 비극적인 46명의 인명 손실을 초래한 공격(attack)을 개탄(deplore)한다.

[3] 안보리는 이러한 사건(incident)이 역내 및 역외 지역의 평화와 안전을 위태롭게 하는 것이라고 규정한다.

[4] 안보리는 인명의 손실과 부상을 개탄(deplore)하며, 희생자와 유족 그리고 한국 국민과 정부에 깊은 위로와 애도를 표명하고, 유엔 헌장 및 여타 모든 국제법 관련 규정에 따라 이 문제의 평화적 해결을 위해, 이번 사건 책임자(those responsible for the incident)에 대해 적절하고 평화적인 조치를 취할 것을 촉구한다.

[5] 안보리는 북한이 천안함 침몰의 책임이 있다는 결론을 내린 한국 주도하에 5개국이 참여한 민군 합동조사단의 조사 결과에 비춰(in view of) 깊은 우려를 표명(express the Security Council's deep concern)한다.

[6] 안보리는 이번 사건과 관련이 없다고 하는 북한의 반응, 그리고 여타 관련 국가들의 반응에 유의한다.

[7] 이에 따라(therefore) 안보리는 천안함 침몰을 초래한 공격(attack)을 규탄(condemn)한다.

[8] 안보리는 앞으로 한국에 대해, 또는 역내에서 이러한 공격이나 적대 행위를 방지하는 것이 중요함을 강조(underscore)한다.

[9] 안보리는 한국이 자제를 발휘한 것을 환영하고, 한반도와 동북아 전체에서 평화와 안정을 유지하는 것이 중요함을 강조

(stress)한다.

[10] 안보리는 한국 정전협정의 완전한 준수를 촉구하고, 분쟁을 회피하고 상황 악화를 방지하기 위한 목적으로 적절한 경로를 통해 직접 대화와 협상을 가급적 조속히 재개하기 위해 평화적 수단으로 한반도의 현안들을 해결할 것을 권장한다.

[11] 안보리는 모든 유엔 회원국이 유엔 헌장의 목적과 원칙을 지지하는 것이 중요함을 재확인한다.

※ 참고자료 2: 키워드로 본 '외교적 기교'(조선일보 2010.7.10. 기사)

condemn(규탄): 비난할 때 가장 높은 수위의 표현. 中 반발했지만 결국 성명에 담아

take note(유의): "사건과 무관하다"는 北 반응 언급. 北 주장도 들었다는 중립적 표현

천안함 사태와 관련 안보리가 채택한 의장성명에는 주목해야 할 외교적 표현들이 있다. 먼저 '규탄(condemn)'이라는 단어다. 안보리 성명에서 상대방을 가장 강도 높게 비난할 때 사용하는 표현이다. 이보다 낮은 강도로는 개탄(deplore) 혹은 우려(concern) 등이 쓰인다. 규탄이라는 표현을 쓸 것을 주장하는 우리의 요구에 중국이 반발했지만, 의장성명에는 결국 이 단어가 포함됐다.

'공격(attack)'이라는 단어도 쟁점이 됐다. '사건(incidence)'이라는 중립적인 단어보다 강한 표현이기 때문이다. 의장성명에는 '공격'과 '사건'이 번갈아 들어가 있다.

의장성명은 북한의 주장을 반영하면서 '유의한다(take note)'는 표현을 썼다. 이는 중립적인 표현이다. 안보리가 북한의 주장을 들었다는 의미다. 북한이 안보리에서 입장 설명을 했기 때문에 중립을 표방하는 안보리가 이 조항을 넣는 것은 불가피했다고 외교 협상 실무자들은 보고 있다. 만약 상대방의 주장을 좀 더 무게 있게 받아들인다면 '심각한 우려(with serious concern)' 등의 수식어를 '유의한다'는 표현 앞에 붙일 수 있다.

(2010. 7. 11, 「안산인터넷뉴스」·「서부뉴스」'정웅교 칼럼')

Korean Politics

제3부

사색의 편린

Ⅰ. 자크 아탈리의 '위기에서의 생존 전략 7가지 원칙'

　　프랑스의 세계적인 미래학자 자크 아탈리(JACQUES ATTALI)가 신간 『살아남기 위하여』(원제: SURVIVRE AUX CRISES, 양영란 역, 위즈덤하우스, 2010.)에서 다가올 변화와 위기들을 전망하고 그 위기를 기회로 만드는 '위기에서의 생존 전략 7가지 원칙'을 제시하였는데, 이 7가지 원칙을 살펴봄으로써 우리 모두 위기에서 살아남는 방법을 모색해보고자 한다.

　　먼저 자크 아탈리에 대해서 알아보자. 미국의 미래학자 앨빈 토플러가 "자크 아탈리는 재기와 상상력, 추진력을 겸비한 세계에서 유례를 찾기 힘든 지식인이다"라고 평가했을 정도로 자크 아탈리는 이론과 경험을 겸비한 '현존하는 프랑스 최고의 지성'이다. 미테랑 프랑스 전 대통령의 특별보좌관(1981~1989), 유럽부흥개발은행(EBRD)

을 설립하여 총재직(1990~1993)을 역임하였으며, 1998년부터는 마이크로 파이낸스를 활성화시켜 빈민 퇴치를 목적으로 하는 국제조직 '플래닛 파이낸스(PLANET FINANCE)'의 회장으로 활동하고 있다.

아탈리는 1980년대부터 공산주의의 약화, 테러리즘의 위협 등 국제 정세에 대한 미래 전망, 기후의 이상 변동, 금융 거품 현상, 휴대폰과 인터넷 만능시대 등 사회 전반에 걸친 예측을 해왔다. 그는 40여 권의 저서를 펴냈으며, 『위기 그리고 그 이후』, 『미래의 물결』, 『인간적인 길』, 『합리적인 미치광이』, 『호모 노마드 유목하는 인간』, 『마르크스 평전』, 『미테랑 평전』 등이 한국에서 번역되어 소개된 바 있다.

아탈리의 최신작 『살아남기 위하여』는 2008년 후반기 이후부터 2009년 말까지 세계경제가 밟아온 과정을 자세하게 정리·분석하고, 향후 10년 동안 우리가 맞이할 수도 있을 위기 상황을 예측하고, 개인·기업·국가·인류가 각각 위기에서의 생존을 유지하고 발전하기 위한 전략과 방안을 제시하고 있다. 아탈리는 현재의 위기로 인해 우리가 부딪히게 될 여러 개연성들 외에도 또 다른 경제 위기들(기업의 지나치게 낮은 자기 자본비율/중국 경제의 거품 폭발/보호주의의 유혹/하이퍼인플레이션/달러 가치 폭락/연방준비은행의 파산), 심각한 에너지 위기, 중대한 생태계 위기, 건강과 교육의 위기, 통제 불가능한 전염병의 확산, 정치적·군사적 위기 등 여러 분야에서 크고 작은 여러 위기들이 향후 10년 동안 우리에게 닥칠 것으로 전망하고 이러한 위기들을 극복하기 위해서도 특별한 생존전략이 필요하다고 역설하고 있다.

그는 향후 10년 사이에 우리는 확실한 변화를 겪게 되며 위기 또한 일어날 수도 있으며 이러한 것이 오늘을 살고 있는 우리들이 어떻게 행동하느냐에 따라서 좋은 방향으로 전개될 수도, 최악의 상황으로 치닫게 될 수도 있다고 하였다. 향후 10년 사이에 일어날 변화와 위기는 개인(실업/파산/자산 가치 하락/전염병/존재 이유 상실), 기업(파산/자금 조달 실패/기술적 낙후/의미 상실/경쟁력 저하), 국가(출생률 저하/저축 감소/천연 자원 고갈/존속 욕구의 소멸), 그리고 인류 전체의 생존에 대한 수많은 위협을 의미하며, 이러한 변화와 위기는 각자에게 무한한 잠재적 성장과 자유, 삶의 기쁨을 의미하기도 한다고 그는 말한다.

불확실한 미래에 직면하여 일부는 자신들의 운명 앞에서 자발적인 무기력 방관자가 되기로 하고 네 가지 태도(자포자기, 속세이탈, 회개, 타인에게서 희망을 발견하기) 중 한 가지를 택함으로써 살아남기 위한 소극적인 전략을 세우며, 개인·기업·국가는 함께 문제를 해결하고 게임의 규칙을 바꾸기 위해 집단 전략, 즉 정치적 성격을 띤 적극적인 전략(분노, 정치적 행동, 혁명)을 세울 수도 있다는 것이다.

그러나 그는 앞의 전략으로는 모든 위협에서 살아남는 방법으로는 충분하지 않기 때문에, 세기를 거듭하면서 축적된 지식과 지혜를 통해 다듬어진 '위기에서의 생존수칙(생존전략) 7가지 원칙'을 도출했다고 한다. 이 원칙들은 자긍심의 원칙, 전력투구의 원칙, 감정이입의 원칙, 탄력성의 원칙, 창의성의 원칙, 유비쿼터스의 원칙, 혁명적 사고의 원칙 등 7가지이며, 이 순서는 임의적인 것이 아니라 논리적인 사고의 귀결에 따른 순서라고 한다. 살아남기는 지금 이 순간만의 문제가 아니며, 장기적인 관점에서 생각해야 하며, 살아남기는 현상 유지가 아니라 '현실 뛰어넘기'이며, 단일성이 아닌 다양성을 추구하며, 살아남기는 신중함이나 사려 깊음보다는 대범함에 달려 있으며, 남을 파괴하는 것이 아니라 자신을 구축하는 것이며, 경쟁이 아니라 협력과 동맹을 추구하는 것이라고 그는 주장한다.

1. 자긍심의 원칙

우선 제대로 살고 싶다는 욕망을 지녀야 한다. 그러기 위해서는 자신에 대해서 충분히 의식하고, 자신의 운명에 대해서 중요성을 부여하며, 자신을 부끄러워하거나 증오해서는 안 된다. 자기 자신을 존중하며, 따라서 자신이 살아야만 하는 이유를 찾아야 하고 몸과 품행, 외모, 꿈의 실현에 있어서 뛰어나고자 하는 욕망을 품어야 한다. 그러려면 남으로부터 아무것도 기대하지 말고, 자신에 대해 정확히 정의 내리기 위해 자신에게만 의지해야 하며, 그 본질이 무엇이든 위기 앞에서 공포에 사로잡히지 말고, 인정하고 싶지 않더라도 진실을 받아들여야 하며, 지나치게 낙관적이지도 비관적이지도 않은 미래의 주체가 되기를 바라야 할 것이다.

2. 전력투구의 원칙

인생을 장기적인 안목으로 설계해야 하며, 스스로를 위해서 20년 후 자신의 모습에 대한 비전을 확립하고, 이를 끊임없이 손질해나가야 한다. 그리고 장기적인 관점에서 득이 된다면 지금 당장의 희생은 기꺼이 감수할 수 있어야 하고, 이와 동시에 시간만이 유일한 희귀재임을, 바꿔 말해 한 번 사는 인생임을 깨닫고 매 순간이 마지막인 듯 강도 높게 살아야 한다.

3. 감정이입의 원칙

위기가 닥쳐올 때마다, 위협에 대면할 때마다, 그리고 동요가 있을 때마다 잠재적인 적 또는 동맹의 입장에 서보아야 하며, 그들의 문화와 사고방식 · 존재 이유 등을 납득해야 하고, 일어날 수 있는 모든 위협적 요소를 찾아내기 위하여 그들의 행동 양식을 미리 예측하고, 잠재적인 우군과 적군을 구별해낼 수 있어야 한다. 또한 다른 사람들에게 친절을 베풀며 그들을 환대하여 지속적 5인 우호관계를 맺어야 하며, 계산적 이타주의를 구사해야 한다. 그러기 위해서는 매우 겸허하며 여유 있는 정신 상태를 유지해야 한다. 그리고 특히 적군의 옳음을 인정할 수도 있어야 하며, 이때 수치심이나 분노를 느껴서는 안 된다.

4. 탄력성의 원칙

위기의 종류에 따라 달라지기 마련인 위협의 정체를 파악하고 나면, 이것 중 어느 하나라도 구체화될 경우에 대비해서 정신적 · 신체적 · 물질적 · 재정적으로 저항할 준비를 갖추어야 한다. 그러기 위해서는 각 위협의 특성에 맞춰 방어책, 여분의 비축, 비상계획, 예비자원, 보험 등을 미리 마련해두어야 한다.

5. 창의성의 원칙

계속된 공격으로 구조화되어 위기가 환원 불가능한 경향으로 자리 잡게 되는 경우에는, 그것을 기회로 바꾸는 방법을 익혀야 한다. 부족함을 진보의 원천으로 만든다거나 상대방의 힘을 자신에게 유리한 방향으로 이용하는 식이다. 이렇게 하려면 긍정적인 사고, 불굴의 도전 정신, 용기, 실용적인 창의성이 요구된다. 이러한 강점들은 단련과 연습을 통해 형성될 수 있다.

6. 유비쿼터스(동시에 도처에 존재하기)의 원칙

만일 공격이 계속되면서 상황을 점점 더 불안정하게 몰아간다면, 또 어떠한 긍정적인 힘의 사용도 불가능하게 된다면, 모든 것을 근본적으로 바꿔버릴 준비를 해야 한다. 저항할 수 있는 사람들 중에서 가장 우수한 자들을 자신의 편으로 만들며 자신의 이미지를 재조정해서 승자의 편에 서되, 자긍심의 원칙을 저버려서는 안 된다. 자신의 정체성과 관련해서는 유연성을 유지해야 하며, 이를 위해서는 모호함과 유비쿼터스를 동시에 추구하는 이중적인 전략을 구사할 수도 있다.

7. 혁명적 사고의 원칙

극단적인 상황에서 정당한 방어가 필요한 상황이라면, 무엇이

든 시도하고 규칙을 어기는 한이 있더라도 세계에 저항할 채비를 갖추되, 자긍심만은 잃지 말아야 한다. 따라서 이 마지막 원칙은 첫 번째 원칙과 연결된다. 결국 7가지 원칙은 일관성 있는 하나의 전체, 하나의 원을 이루게 된다. 어떠한 위기가 닥치더라도 이 원칙들 실천하며 끊임없이 확인하는 사람은, 그렇지 않은 사람보다 훨씬 더 살아남을 기회가 많을 것이다. 비천한 사람이건 스스로 힘이 있다고 생각하는 사람이건, 그 어느 누구도 자기 자신의 혁명을 이룩하지 않고서는 살아남을 수 없으며, 더 나은 삶을 살 수도 없다. 역으로, 아무도 살아남지 못한다면 혁명 또한 불가능하다.

그는 이 7가지 원칙은 한 개인에서 시작해서 기업, 국가는 물론 인류 전체를 아우를 수 있다며 각각의 차원에 적용하여 다음과 같은 원칙들을 제시하고 있다.

개인이 살아남기 위한 생존 전략 7가지 원칙은, '스스로를 중요하게 여긴다, 시간의 밀도를 높인다, 감정이입을 통해서 세계에 대한 나의 의견을 정립한다, 충격을 겪으면서도 다시 튀어오른다, 위협을 기회로 바꾼다, 하나의 정체성만으로 만족하지 않는다, 혁명적으로 생각한다'이다.

기업이 살아남기 위한 생존 전략 7가지 원칙은, '가치관을 정립한다, 시간에 가치를 부여한다, 상대방의 입장에 서서 위협을 구별한다, 모든 공격에 저항할 수 있는 상황을 마련한다, 위협을 기회로 바꾸는 방법을 익힌다, 동시에 도처에 존재하는 유연성을 기른다, 혁명적으로 생각한다'이다.

국가가 살아남기 위한 생존 전략 7가지 원칙은, '스스로를 존중한다, 시간의 중요성을 전달한다, 감정이입을 효과적으로 구사한다, 위기 대응책을 제때에 구비한다, 경쟁자를 협력자로 탈바꿈시킨다, 다양한 문화와 사상을 열린 마음으로 대한다, 중대한 위기에는 저항할 수 있다'이다.

인류가 살아남기 위한 생존 전략 7가지 원칙은, '인류의 권리를 정의하고 존중한다, 시간을 잘 활용한다, 동맹을 통해 위기를 분석한다, 위협 요소들에 대비한다, 새로운 생활방식을 고안한다, 동시에 도처에 존재한다, 혁명적으로 생각한다'이다.

(2010. 6. 20, 「안산인터넷뉴스」·「서부뉴스」 '정웅교 칼럼')

Ⅱ. 브레진스키의 『제국의 선택』을 읽고

　　브레진스키는 오래 전부터 미국을 제국으로 일관되게 호칭하고 있다. 1986년 저서 『게임플랜』과 1997년 저서 『거대한 체스판』에서도 미 제국에 관하여 많은 언급을 하였던바, '제국'이란 "하나의 중심에서부터 펼쳐지는 정치적 관계의 계서적 구조를 중립적으로 지칭하기 위한 것"이라고 밝히고, 미국이 단순한 제국일 뿐 아니라 역사상 유례가 없는 대제국으로서, 과거 어떤 제국도 누려본 적이 없는 '세계일등적 지위'를 구가하고 있다고 주장하였다.

　　그가 아마도 「제국의 선택-지배인가 리더십인가」(원제: THE CHOICE DOMINATION OR LEADERSHIP, 김명섭 역, 황금가지)를 쓰게 된 동기 속에는 9·11 테러사건의 충격과 부시 행정부의 대외정책에 대한 비판적 사고가 크게 자리 잡고 있는 것 같다.

미국의 행정부에서 고위직을 지낸 사람이 미국을 제국이라고 부르는 것은 쉬운 일은 아닐 것이다. 그것은 미국이 세계 속에서 가지고 있는 그 정치적 위상, 전략, 야욕과 속내, 취약성과 딜레마를 숨김없이 까발리는 것으로, 미국 외부로부터 엄청난 저항과 비난을 받을 수 있고, 미국의 향후 세계전략에 장애요인이 될 수 있는 모험이기 때문이다. 그럼에도 그는 용기 있게 미국의 제국성을 적나라하게 들추어냈다. 그의 정치, 역사, 지리, 사회, 문화, 인류, 지역 정세 등에 대한 해박한 지식, 현실감각과 노련함, 폭넓은 시각과 세밀함이 돋보이고 있다.

그는 과거 냉전시대의 미국과 소련을 각각 좋은 제국과 나쁜 제국으로 부른다. 그 기준은 제국적 권력이 어떻게 행사되는가? 즉 제국적 영역 내의 사람들로부터 어느 정도 동의를 받으면서 어떠한 목적으로 헤게모니가 행사되는가에 달려 있다.

그는 「제국의 선택」을 통하여 부시 행정부에 참여하고 있는 네오콘들을 포함한 자신의 후배들과 전체 미국인들을 향해 제국(좋은 제국)으로서의 미국이 어떠한 선택을 해야 하는지와 지금 하고 있는 선택의 의미가 무엇인지를 되돌아보고, 그 선택에 의해서 생기는 파장에 주목하라고 충고하고 있다.

그는 제국이 직면하고 있는 다섯 개의 딜레마를 1부와 2부로 나누어 다루고 있다. 딜레마(dilemma)라는 단어의 어원은 그리스어의 di(두 번)와 lemma(제안 · 명제)의 합성어로, 진퇴양난 · 궁지라는 뜻을 가지며, 국제 정치학에서는 게임이론에서의 '죄수와 딜레마', '안보 딜레마' 등과 같이 많이 쓰이고 있으며, 원래 전통적 논리학 용어로는 삼단논법의 특수형식의 하나로서, '양도논법(兩刀論法)'이라 한다.

〈제1부 미국의 헤게모니와 전 지구적 안보〉에서, 그는 미국이 직면하고 있는 3가지 딜레마, 즉 국가 불안의 딜레마, 새로운 지구적 무질서의 딜레마, 동맹 관리의 딜레마에 관해 설명하고 있다.

그는 세계의 위계질서에서 미국이 차지하는 독특한 위상은 이제 광범위하게 받아들여지고 있으나 오늘날 세계는 미국의 우월적 지위를 좋아하지 않는바, 미국을 신뢰하지 않고 분노하며 심지어 음모를 꾸미기도 하지만 실질적인 문제에서는 미국의 우월적 지위에 정면으로 맞설 수 없다고 하며, 점차 미국의 헤게모니를 제어하고나 봉쇄하려는 노력, 또는 미국의 헤게모니로부터 비켜나거나 그것을 조종하려는 노력을 포기하고 있다고 지적하였다.

그는 오늘날 미국이 누리는 전 지구적 우위도 어느 시점에서는 사라질 것이며, 어떤 사람들이 바라는 때보다는 늦고 많은 미국인들이 당연시하는 때보다는 빠른 시기일 것으로 보았으며, 미국의 헤게모니가 갑자기 종료되면 반드시 지구적 혼란이 뒤따를 것이며, 국제적 무정부 상태가 강화될 것으로 보았다. 그러나 그 힘이 점진적이고 통제할 수 있는 방법으로 이전된다면, 초국가적 합의에 따라 전통적인 민족국가들의 고유한 안보 역할 중 일부를 담당하는, 공동이익에 기초한 지구적 공동체가 등장할 가능성도 커진다고 그는 예측하였다.

어떠한 경우라도 미국 헤게모니의 궁극적인 종언으로 과거 우리에게 익숙했던 강대국 간의 다극성이 회복되는 현상은 나타나지 않을 것이며, 미국처럼 다방면에서 전 세계적인 우월적 지위를 지니며 미국 대신 들어설 수 있는 지배적 헤게모니 국가도 등장하지 않을 것으로 그는 보았다. 또한 그는 향후 20년 동안 미국의 힘이 갖는 지속적인 효과는 지구적 안정에 필수적이라는 것과 미국의 힘에 맞설 주요한 도전은 오직 미국 내부로부터 제기될 것이라고 주장하며, 이러한 도전은 미국식 민주주의 자체가 그 힘을 부인하거나, 미국이 자국의 힘을 전 지구적으로 오용함으로써 일어날 수 있다고 보았으며, 테러리즘이 사라지거나 미국인들이 공동의 목적에 대한 책임의식을 상실한다면, 미국의 세계적 역할은 급속히 종료될지도 모른다고 보았다. 그는 부시행정부의 이라크전 등 대외정책에 대한 비판으로 볼 수 있는 얘기를 하고 있다. 즉 그는 미국은 자국의 힘을 오용함으로써 자신의 역할을 손상시키고 정당성을 상실할지도 모르며 전 세계인들이 미국의 행동을 제멋대로라고 생각하면 미국은 점차 고립될 수도 있고, 이러한 행동 때문에 더 안전한 국제 환경을 조성하고자 하는 공동의 노력에 다른 국가들을 참여시키는 능력은 약화될 것이라고 보았다.

〈제2부 미국의 헤게모니와 공동선〉에서, 그는 미국의 헤게모니 상실이 단지 미국의 이해관계에 영향을 미치는 것일 뿐 아니라 전 지구적 공동선에도 영향을 미칠 수 있다고 다시 지적하면서 세계화의 딜레마와 헤게모니적 민주주의 딜레마를 설명하고 있다.

미국의 세계적 역할은 전례 없는 미국의 세계적 힘과 전례 없는 전 세계적 상호작용이라는 우리 시대의 새로운 두 가지 핵심적 현실에서 비롯되었다. 전자는 미국의 헤게모니를 필두로 한 국제 정세의 단극적 국면을 의미한다. 후자는 세계화의 보편적 과정이 국가가 숭배해 오던 주권을 약화시킨다는 견해를 뒷받침한다. 이 두 가지 핵심적 현실의 조합은 국제 관계를 크게 변화시키고 있으며, 전통적인 외교를 무력하게 만들고 있다. 보다 중요한 것은 이들이 비공식적인 전 지구적 공동체의 탄생을 부추긴다는 점이다. 이러한 변화는 상징적으로나 가시적으로 최초의 세계 수도가 사실상 출현했다는 것을 의미한다. 바로 워싱턴이 세계 역사에서 첫 번째로 탄생한 전 지구적 정치 수도이다.

새로운 세계 질서나 전 세계적 협력의 희망은 2001년 9월 11일에 일어난 폭력으로 사라져 버렸다. 조지 W. 부시 대통령은 불길한 미래상과 미국의 새로운 대외 정책을 관련지었다. 그는 '테러와의 전쟁에 돌입한 지구적 헤게모니'라는 미국 대외정책의 틀을 만들었다. 협력적 세계 질서를 향한 의지는 '전 지구적 범위의 테러리즘'에 자리를 내주었다. 미국이 선두에 선 세계화는 "우리와 함께하지 않는 자는 우리의 적"이라는 흑백 논리의 공식과 함께 미국이 이끄는 '자발적 연합'에 자리를 양보했다.

지구적 공동체의 등장과 주권적 헤게모니 사이의 균형을 어떻게 깨뜨릴 것인가, 민주주의적 가치와 세계적 권력의 절박한 요청 사이에 존재하는 위험한 모순을 어떻게 해결할 것인가는 세계화 시대 미국이 안고 있는 딜레마이다.

오늘날 미국은 민주주의 국가이면서 동시에 전 지구적 헤게모니 국가이다. 이런 독특한 조합은 다음과 같은 질문들을 유발한다. 미국의 대중 민주주의가 대외적으로 확산되는 것이 미국의 준제국적 책임감과 양립할 수 있을 것인가? 민주적인 미국의 정치 형태가 과거의 양극화된 경쟁 시기보다 훨씬 복잡하게 변화하는 오늘날의 세계에 적절한 방향을 설정할 수 있는가? 그리고 민주적인 수사로 조심스럽게 포장되어 있다 하더라도 헤게모니를 국외로 확장시키는 것이 미국 국내의 민주주의와 조화될 수 있는가?

헤게모니적 힘은 민주주의를 보호하고 증진시킬 수도 있지만 민주주의를 위협할 수도 있다.

결론적으로 말하면, 소모적인 세계적 분쟁을 피한다는 인류 최고의 소망을 실현시키는 것은 미국의 헤게모니와 미국식 민주주의의 균형 잡힌 조화이다. 민주주의가 지닌 사회적 호소력이 미국이 지닌 전 지구적 힘의 핵심적 요소라고 가정하면 다음과 같은 여러 가지 질문이 뒤따른다. 첫째, 미국의 대중문화가 지닌 막대한 세계적 매력의 정치적 함의는 무엇인가? 둘째, 미국이 다문화 사회로 변화한다는 사실은 미국의 전략적 전망을 다지는 데 어떠한 영향을 미치는가? 마지막으로, 미국의 헤게모니적 역할을 외부적으로 행사하는 과정에서 미국 내부의 민주주의에 어떤 위험이 도사리고 있는가?

강력하게 집중된 전 지구적 감정이 미국으로 향하면서 정치적 불안정이 발생한다. 이로 인해 미국의 전 지구적인 문화적 유혹은 자국의 이익만을 고려하는 협소한 관점에서 대회정책을 결정하도록 미국의 정책 결정자들의 활동 반경을 제한한다. 미국은 자신이 만들어 낸 거대한 문화적 소용돌이의 진원지에 자리 잡고 있으며 미국의 안보는 주위를 둘러싼 폭풍우를 어떻게 진정시킬 것인가에 달려 있다. 전 지구적으로 공유되는 이익이 점점 더 부각된다는 사실을 우선적으로 고려해야만 미국이 전 지구적으로 빛나는 자신의 문화적 매력으로부터 정치적 이익을 거둘 수 있을 것이다.

미국의 전 지구적 헤게모니는 미국식 민주주의에 따라 행사된다. 과거 어떤 국가도 이토록 진정으로 민주적이고 다원주의적으로 헤게모니를 행사한 적은 없었다. 그러나 국가 안보의 가치와 시민권의 가치가 서로 경쟁하고 헤게모니의 독단성과 민주주의의 신중함이 서로 경쟁하면서, 헤게모니적 의무는 민주주의의 덕목과 근본적으로 충돌할 수도 있다. 그러므로 이제는 전 지구적 헤게모니가 미국식 민주주의 자체를 위협하는 것이 아닌지 물어야 할 때이다.

〈결론 지배인가 리더십인가〉에서, 그는 합의적 지도력은 미국을 세계 유일의 초강대국으로 강화시키는 정통성과 함께 국제 관계 안에서 미국의 우월성을 증진시킬 것이고, 반대로 힘에 기초한 지배는 미국이 다른 국가에 비길 바 없이 우세한 위치를 유지한다 하더라도 그 힘을 유지하는 데 더 많은 비용을 지불해야 하며, 전자에 따르면 미국은 양(陽)의 초강대국 (Superpower Plus)이 되고, 후자에 따르면 음(陰)의 초강대국(Superpower Minus)이 되는 것을 강조하고 있다.

따라서 미국이 그 위치를 유지하는 문제는 미국의 전 지구적 지도력의 성격과 관련되어 있다. 지도력이란 다른 이들을 결집하는 방향 감각을 의미한다. 힘을 위한 힘, 영구적 지배를 위한 지배는 지속적인 성공을 위한 방식이 아니다. 지배를 위한 지배는 막다른 골목에 처한다. 이런 방식은 극도의 오만함으로 스스로를 현혹하는 역사적 무지에 빠지게 할 것이며, 결국 자신에 대항하는 반대 세력을 결집할 것이다. 앞에서 주장한 것처럼 세계의 최종 목적지는 향후 20여 년 동안 관심을 공유하는 공동체를 꾸준히 만들어 가는 것이나 전 지구적 혼란을 향해 가속도가 붙어 돌진하는 것 중 하나가 될 것이며, 다른 나라들이 미국의 지도력을 받아들이는 것은 혼란을 피하는 데 필수적인 조건이다.

미국은 다른 나라들의 국익을 형성하는 데 도움을 주는 방식으로 자국의 안보를 규정해야 한다. 미국의 거대한 전략이 전 지구적 공동체의 이익을 향한다는 것을 세계가 이해할 때 이런 포괄적인 임무는 효과적으로 추진될 수 있다는 것이다.

그는 이렇게 끝을 맺으면서 제국이 지배를 선택할 것인가, 아니면 리더십을 택할 것인가에 대한 답을 내리고 있다. "산 위에 있는 요새는 단지 홀로 서 있을 뿐이다. 그것은 위협의 그림자를 사방에 드리운다. 이런 식으로 미국은 전 지구적인 증오의 대상이 될 수 있다. 반면 산 위에 있는 도시는 인류의 진보를 소망하며 전 세계에 빛을 비출 수 있다. 그러나 그렇게 하려면 인류의 진보가 모든 사람을 위한 이상과 현실의 중심에 자리 잡아야 한다."

(2010. 7. 4. 「안산인터넷뉴스」 · 「서부뉴스」 '정웅교 칼럼')

Ⅲ. 황장엽의 파란만장한 생애와 인간중심철학

황장엽 전 북한노동당 비서가 지난 10월 10일 북한 노동당 창당 65주년 기념일에 별세했다.

그는 북한에서 주체사상의 이론적 기초를 만들었고 주체사상의 대부였다. 그는 "민족적 양심의 발현은 개인의 의지를 초월한다. 나는 그 같은 민족적 양심의 힘에 내몰려 북을 벗어나 남으로 들어왔다"는 생각을 가지고 그는 엄청난 모험을 감행한 지 13년 만에, 민족문제 해결의 실마리가 풀릴 기미도 보이지 않고 남북통일의 서광이 보이지도 않는 시점에 87년의 생을 마감하고 눈을 감았다.

그는 1923년 평안남도에서 출생하여 평양상업학교를 졸업하였고 1941년 일본 중앙대 야간 전문부 법과에 입학하였으나 1944년 2월부터 1945년 8월 15일까지 일제의 강제징용으로 강원도 삼척 시멘트

공장에서 노동을 하다가 광복을 맞게 되고 1946년 조선노동당에 입당하였다.

그는 1949년 10월부터 4년간 모스크바국립대 철학연구원에서 유학을 하고 김일성종합대 철학강좌장과 김일성의 이론서기를 거쳐 14년간의 김일성종합대 총장, 11년간의 최고인민회의 의장, 18년간의 조선노동당 비서, 주체사상연구소장, 최고인민회의 외교위원장 등 북한 권력의 상층부 핵심으로 활동했다.

– 고독과 좌절의 망명 생활 –

북한에서 장기간 권력을 누리던 그가 김덕홍과 함께 1997년 2월 12일 중국 북경 주재 한국 총영사관으로 가서 망명 신청을 하였다. 일반적인 상식으로는 이해가 가지 않는 일이다. 사랑하는 가족, 모든 지위와 기득권을 버리고 이념과 체제가 다른 남한으로의 망명이라는 모험을 감행한다는 것이 얼마나 어려운 결단인가? 그리고 그 망명이 성공한다는 보장도 없다. 만약 실패한다면 그 후에 일어날 일들이 무엇인지를 누구보다도 잘 아는 그가 아닌가?

그럼에도 그는 망명을 감행하여 성공했고 나름대로 의미 있는 활동을 남한에서 하였다. 그러나 그는 망명 결심을 하는 순간부터 가족 문제를 포함하여 많은 고민과 갈등을 하였다. 그의 가족에 대한 사랑은 애틋하였고 눈물겨웠다.

그는 특히 마지막으로 집에서 나오기 전에 아내에게 끝내 희미하게라도 망명 암시조차 남기지 못한 것에 대한 아쉬움이 컸다. "'아내에게 말하지 않는 게 좋다'라고 결론을 내린 것은 무엇보다도 이번 일이 내 뜻대로 될지 안 될지가 뚜렷하지 않았기 때문이다"라고 그는 회고록(p.15)에서 밝혔다.

1997년 1월 30일 아침 문 앞까지 혼자 배웅을 나온 그의 아내 박승옥에게 "다녀오리다. 2월 12일쯤은 돌아오게 될 거요."라는 짧은 인사말을 건네고 영영 헤어졌다. 그는 북경 한국 총영사관에서 망명 신청을 하고 잠시 머물고 있을 때, 그의 생일날인 2월 17일 아내에게 남기는 유서를 썼다. 그리고 이날 북한은 '변절자는 갈 테면 가라'는 성명을 발표했고 이에 황장엽은 민족을 배반한 것은 우리가 아니라 김정일과 그 추종자들이라고 반박하는 성명을 발표하게 된다.

그는 우여곡절 끝에 필리핀으로 추방되었다가 1997년 4월 20일 김덕홍과 함께 서울에 도착하여 좌절과 번민의 망명 생활을 시작하였다. 김대중 · 노무현 정부 10년간 햇볕정책과 포용정책 등으로 인하여 그의 활동에는 많은 제약이 있었다. 그래서 그는 대외 활동보다는 주로 저술활동을 하였다. 그동안 주로 철학 서적인 17권의 책을 발간했다. 나이에 비하면 대단한 성과였다. 그의 이러한 왕성한 저술활동의 원동력은 저술활동이 북한 민주화와 남북통일의 밑거름이 될 것이라는 신념이었다.

그러나 그는 엄청난 희생을 감수하고 민족의 문제를 해결하고자 한국으로 망명을 왔지만 한국이, 한국 국민이 그를 대단하게 생각하지도 않고 그의 말을 경청하려 하지도 않은 일각의 모습을 목격하고 매우 실망스러워했다고 한다.

그는 단지 분단의 희생자 중 하나로 전락되고 말았다. 좌파의 입장에서는 그는 분명 배신자이다. 그들이 신봉하던 주체사상을 여지없이 혹독하게 비판하고 김일성·김정일 독재체제의 모순과 비민주성과 폭력성 그리고 북한 주민의 실상을 적나라하게 파헤치는 그가 맘에 들 리가 없었다. 또한 정부 입장에서는 그는 화해·협력 분위기의 남북관계에 있어서 장애물이었다.

다만 그는 보수 진영으로부터는 환대를 받았지만 그가 추구하는 목표를 달성하기에는 별 도움이 되지 못하였다. 보수 진영은 그를 앞세워 북한 정권을 공격하는 데 활용하고, 그의 강의를 들으며 주체사상을 이해하고 그의 철학을 공부하는 데 만족했다. 그가 한국 사회에 기여한 것 중 하나가, 그동안 우리에게 신비한 사상으로 비쳤던 주체사상이 그 허구의 허물이 벗겨지고 북한의 통치이데올로기에 불과한 것으로 널리 알려지게 한 점이다.

그는 많은 강의도 하고 많은 책을 발간했지만 그의 이론과 학문이 명쾌하고 깊이가 있는지 여부에 대해서는 사람들에 따라 판단이 다르다. 어떻게 보면 북한의 학문과 학자 수준과 관련이 있다고 봐야 할 것이다. 폐쇄적인 사회는 학문 발전에 저해요인이 될 것이기 때문이다.

– 주체사상과 인간중심철학 –

[북한에서 '주체'라는 용어가 대중적으로 등장하게 된 것은 55년 12월의 김일성 연설 〈사상사업에서 교조주의와 형식주의를 퇴치하고 주체를 확립할 데 대하여〉이 계기가 되었다고 한다.

60년대 초까지 주체사상의 기본 내용은 '4가지 기본 노선'으로 요약될 수 있다. 즉 "혁명과 건설에서 견지하여야 할 근본 입장과 근본 방법은 자주적 입장과 창조적 입장이며, 견지해야 할 기본 노선과 정책은 사상에서 주체, 정치에서 자주, 경제에서 자립, 국방에서 자위"가 그 기본 내용이다.

황장엽은 "68년 말에 '계급투쟁과 프롤레타리아 독재는 완전히 틀린 이론이다. 이것이 민족발전에 부정적인 영향을 주었다'는 결론을 내리고 새로운 철학이론을 생각해냈다"고 증언하고 있다.

그는 특히 이 시기부터 인류 역사발전을 계급투쟁의 관점에서 보려는 종래의 마르크스주의가 완전히 틀린 이론이라는 데 확신을 가졌으며, 역사는 인간의 발전 역사로 보아야 한다는 것, 즉 모든 것은 인간을 위해 필요하며 인간의 모든 활동은 인간의 운명 개척에 이바지해야 한다는 것, 따라서 인간의 운명개척의 길을 밝혀주는 것이 철학의 본질적인 사명이라는 사실을 확신하게 되었다고 한다. 즉 68년 말부터 황장엽은 기존의 마르크스주의와는 완전히 다른 새로운 문제의식을 발전시키고 있었으며, 따라서 이 시기가 황장엽의 '인간중심철학'과 지금은 수령절대주의로 변질되어버린 북한의 주체사상이 그 본질적 내용에서 갈라서게 되는 지점이라고 볼 수 있다.](손광주, 시대정신 2001.01~02월호. 제13호)

황장엽은 그의 회고록(p.380)에서 인간중심철학을 이렇게 설명하고 있다. "인간의 운명은 인간과 세계의 관계의 의하여 규정되는만큼 인간의 운명개척의 원리를 밝히기 위해서는 우선 세계의 일반적 특징과 인간의 본질적 특징을 밝혀야 한다. 이 때문에 인간중심의 철학은 세 가지 철학적 원리로 구성된다. 첫째는 세계의 일반적 특징을 밝혀주는 철학적 원리이고, 둘째는 인간의 본질적 특징을 밝혀주는 철학적 원리이며, 셋째는 세계와 인간의 상호관계를 밝혀주는 철학적 원리이다. 세계와 인간의 상호관계란 곧 세계에서 차지하는 인간의 자주적 지위와 창조적 역할의 변화 발전과정을 의미한다. 인간중심철학은 이 세 가지 철학적 원리를 기초로 한 세계관과 사회역사관, 인생관을 포괄하는 체계와 내용을 갖고 있다."

결국 주체사상의 출발은 하나였으나 나중에 가서는 오늘날 북한에서 통용되고 있는 김일성·김정일의 주체사상과 황장엽의 주체사상(인간중심철학)으로 분화되었다고 할 수 있다.

황장엽 선생을 떠나보내며 이런 아쉬움이 있다. 우리 사회가 그동안 가끔 언론에 그의 기사가 나면 흥미의 대상으로만 생각했지, 그의 건강을 평소 주의 깊게 관리하는 데 소홀히 하였고, 우리 사회가 그의 고민과 아픔을 진정으로 이해하고 치유하려고 노력하는 데는 게을리하지 않았나 하는 생각이 든다.

(2010. 10. 16, 「안산인터넷뉴스」·「서부뉴스」 '정웅교 칼럼')

Ⅳ. 자녀의 농촌생활, 상상력 인내심 사회적 성취도를 키운다

금년 여름은 유난히도 더웠다. 필자는 강원도 삼척에서 태어나서 거의 20년 가까이 강원도에서 살았다. 지금도 여름이 되면 강원도에서 어렸을 때 여름철에 있었던 추억들이 주마등처럼 지나간다.

초등학교 시절에는 여름방학 내내 오십천이라는 냇물에 가서 놀았다. 헤엄을 치다가 지치거나 추우면 넓적한 바위 위에 벌거벗고 누워서 햇볕을 쬐며 동네 아이들과 수다를 떨며 한참 동안 있다가 다시 물놀이를 한다.

물놀이를 몇 시간 하고 나면 배가 고파진다. 그 시절(1960년대) 시골에서는 빵이나 과자 등 간식거리를 사서 먹는다는 것은 부잣집이 아니면 매우 어려운 일이었다. 그래서 동네 꼬마들은 보통 감자나 옥수수를 냇가에 가져가서 불을 피워 구워먹거나 냄비에 물을 넣고 쪄

먹는다. 이때 감자나 옥수수는 집에서 가져가는 경우도 있지만 동네 다른 집 밭에 가서 몰래 가져오는 경우가 대부분이었다. 그 당시에는 시골에서 아이들이 이렇게 감자나 옥수수를 먹으려고 조금 훔쳐가는 것(이것을 '서리한다'라고도 말한다)은 애교로 봐주었다. 걸리면 야단을 듣는 일도 가끔 있다.

또 한 가지 맛있는 먹을거리는 민물고기 매운탕이다. 여름에 민물고기를 잡는 것은 매우 재미있는 놀이이다. 민물고기 잡는 방법은 여러 가지가 있다. 낚시나 족대로 잡기도 하고 물길을 막아서 잡기도 하고 물고기에게 독한 풀을 돌로 찧어 물에 풀어서 고기가 비실비실할 때 잡기도 한다. 물에 있는 큰 돌을 해머로 치면 돌 밑에 있던 고기가 놀라 기절해서 물에 뜨면 잡기도 한다. 어항 속에 된장이나 먹이를 넣고 가운데 작은 구멍 뚫린 천이나 비닐로 막은 후 냇물 바닥에 고정시켜 놓고 몇 시간 지나면 어항 속에 고기가 들어와 나기지 못한다.

족대나 어항으로 한 번에 열 마리 이상 고기가 잡히는 경우, 고기들이 생동감 넘치게 오글오글 거리며 강한 생명력을 보일 때 그 희열은 직접 경험해보지 못한 사람은 도저히 상상이 가지 않을 정도로 엄청나다. 아마도 민물고기를 먹는 즐거움보다 이렇게 잡는 과정이 더 스릴이 있고 재미가 있는 것 같다.

어른들이 평소 매운탕을 끓이는 것을 어깨너머로 본 적이 많았기 때문에 냇가의 시골 아이들은 어지간하면 매운탕을 끓일 줄 안다. 민물고기, 고추장, 풋고추, 파, 간장, 소금, 밀가루, 마늘, 양파 등이 민물고기 매운탕 재료이다.

고기 잡는 데 3시간 정도 걸리고 매운탕 끓이는데 1시간 가까이 걸리기 때문에 무척 배고픈 상태에서 매운탕을 먹게 되는데 그 맛은 상상을 초월한다. 앞에는 맑은 냇물이 졸졸 흐르고 울창한 나무 그늘 아래서 검게 탄 동네 아이들이 옹기종기 모여앉아 고기 잡던 무용담을 신나게 떠들어대며 매운탕을 맛있게 먹고 있는 모습을 그려 보시라. 이것이야말로 시골 여름의 낭만이다. 그런데 어떤 날은 고기가 잘 잡히지 않을 때가 있다. 그런 경우는 매운탕에 피라미 같은 작은 고기 몇 마리만 넣고 끓인다. 그래도 민물고기 특유의 향과 맛이 난다. 한 끼를 때우는데 손색이 없다.

어느덧 세월이 흘러 성인이 된 이후에는 시골에 가면 민물고기를 잡아 매운탕을 끓이고 술을 마시게 되는데, 이때의 술 맛은 환상적이고 평소 주량의 2~3배의 술을 마셔도 거뜬하다는 데 묘미가 있다.

필자처럼 어렸을 때 시골에서 생활해본 적이 있는 사람들은 이 이야기들이 무척 공감이 갈 것이다. 그래서 나는 여름에 아는 사람들을 만나 일상적인 대화를 나눌 때 늘 빼놓지 않고 하는 애기가 있다. "민물고기 잡아본 적이 있어요?, 무척 재미있지요?, 요즘도 민물고기 잡으러 가는지요?, 어디에 가면 고기가 많아요?, 거기에는 어떤 고기들이 잡히지요?, 언제 같이 고기 잡으러 갑시다."

요즘 텔레비전 프로그램 중에는 시골생활을 소개하면서 농촌 사람들이 민물고기를 잡아 매운탕 끓여 먹는 장면을 종종 보여준다. 나는 이 장면을 볼 때가 가장 재미있고 나 자신이 그 현장에 있는 것 같은 착각이 들 정도로 몰입한다. 그리고 자막에 보통 그 지역 주소가 나오는데 나는 어김없이 이것을 꼭 메모해둔다. 언젠가 사람들과 함께 가려고 말이다.

그런데 금년 들어 이번 여름에 꼭 강가에 고기 잡으러 가려고 마음속으로 구상하고 있었다. 얼마 전에는 구체적으로 일자, 장소, 인원 수 등에 대한 계획도 잡았는데 약간의 변수가 생겨 일정을 보류하게 되었다. 많이 아쉬웠고 약간 허탈했다. 그토록 1년 내내 마음속으로 그려왔던 구상, 오랜만에 옛 동심으로 돌아가 하루 이틀 자연 속에서 민물고기를 잡으며 지인들과 소주 한잔 마시며 인생과 사회에 대하여 정겨운 이야기를 나누는 이 소박한 계획을 실천하는 것이 이토록 어려우니 말이다.

　　사람은 누구나 어릴 적 추억이 있다. 어릴 적 추억을 반추하며 그 경험들을 다시 겪어보려고 하는 것은 인지상정일 것이다. 일반적으로 어릴 때 도회지에서 생활한 사람에 비하여 시골에서 생활한 사람들에게 추억이 더 많다. 어릴 적 시골에서의 경험들과 추억들은 정서적 안정을 가져와 우리의 정신을 건강하게 하고, 상상력과 창의력을 풍부하게 하고, 자립심과 인내심을 길러주고, 행복감을 증대시키는 기능을 한다고 한다. 그래서 요즘 도회지의 어떤 부모들은 일부러 자녀를 시골 초등학교에 다니게 한다든가 몇 년 동안 시골생활을 하게 한다. 이것은 권장하고 싶은 자녀 교육 방법이라고 생각한다. 아이의 시골생활이 당장은 학업성적에서는 도시 아이들에게 불리할는지는 모르지만 인생의 먼 장래를 보았을 때는 성공적인, 행복한 인생을 살아갈 수 있는 기초 토대를 마련해주는 의미가 있다고 생각한다.

　　다시 말해 도시에서 자녀를 과다하게 학원에 보내며 사교육에 많은 투자를 함으로써 학업성적은 좋지만 나약하고 사회성이 부족한 아이가 되는 것보다는, 시골학교에 다니며 자연과 함께하는 생활 속에서 여러 체험을 하며 추억거리를 차곡차곡 쌓아가는 것이 훨씬 더 좋다고 할 수 있다. 이러한 점을 알면서도 필자는 여러 가지 사정상 아이들에게 시골생활을 체험시키지 못하였다. 이러다 보니 시골에서 20년 가까이 생활한 적이 있는 필자가 도시에서만 생활해온 아이들과 대화를 하다 보면 어떤 때는 정서상 많은 차이로 소통이 잘 안 되는 점을 발견하곤 한다. 또한 식생활습관, 취미 등에서도 많은 차이가 존재한다.

앞에서도 지적했듯이 시골 아이들은 정서적 안정, 상상력과 창의력, 자립심, 인내심, 승리욕, 공동체 의식 등이 도회지 아이들에 비해 확률적으로 더 많기 때문에 시골 출신들이 도시 출신들에 비해 사회적 성취도가 높아 소위 말하는 출세(出世)·입신양명(立身揚名)하는 사람들이 더 많다고 보는 것이 설득력이 있다.

산업화 시대를 지나오면서 우리의 부모들은 자녀 교육을 위해 서울로, 도시로 이주하는 경우가 많았다. 이제 21세기 정보화시대에서는 사정이 허락한다면 자녀를 시골로, 농어촌으로 데리고 가서 학교생활을 하게 할 것을 권유하고 싶다. 이렇게 하는 것은 개인의 행복과 발전은 물론 대한민국의 경쟁력을 높이는 길이라고 생각한다.

(2010. 8. 29, 「안산인터넷뉴스」 · 「서부뉴스」 '정웅교 칼럼')

부록: 정웅교 관련 주요 언론기사 자료

한나라 부대변인 "중진의원들, 물러나시죠"
정웅교 부대변인 이메일 통해 "당의 사활을 걸고 내린 결단"

– 2003. 12. 18. 「조선일보」, 안용균 기자

한나라당 현직 부대변인이 영남권 중진의원들의 실명을 거론하며 '용퇴'를 요구하는 이메일을 당사자들에게 보낸 사실이 알려져 파문이 일고 있다. 한나라당 정웅교(鄭雄教 · 46) 부대변인은 지난 10일 개인 명의로 영남권의 고령 및 중진의원들인 강신성일 · 김만제 · 김용갑 · 김종하 · 나오연 · 박재욱 · 박종근 · 유흥수 · 윤영탁 · 윤한도 · 이상득 의원 등 11명에게 "명예롭게 용퇴하실 것을 간청한다"는 내용의 이메일을 보냈다.

정 부대변인은 이메일을 통해 "한나라당의 환골탈태를 위해 영남지역에서 먼저 인적 쇄신이 필요하다"며 "(당선) 가능성을 강조하며 용퇴를 거부하신다면 우리가 그토록 질타하는 노무현 대통령의 오기 · 독선과 무엇이 다르겠나"라고 말했다. 그는 또 "이미 불출마 뜻을 밝힌 박관용 의장, 양정규 · 김용환 · 김찬우 · 주진우 의원의 용단을 본받아야 한다"며 "80 · 90년대 나라의 중심적 역할을 한 선배들이

이제는 후배들에게 바통을 넘겨줘야 한다"고 말했다.

정 부대변인은 18일 이메일을 보낸 경위와 관련, "당의 사활이 걸린 상황에서 내린 나름의 결단"이라며 "영남에서 5공, 6공 이미지가 강한 분들과 연로하신 분들을 대상으로 이메일을 보냈다"고 설명했다.

이 사실이 알려지자 당 대변인실은 11일 "당과 무관한 일"이라며 정 부대변인에 대한 중징계 방침을 밝혔다. 이메일을 받은 의원들은 "일일이 대응하고 싶지 않은 헛소리"라며 일축했고, 한 의원측은 "최근 '당내 물갈이' 어쩌고 하는데 혹시 지도부에서 부추겨 하는 것이 아니길 바란다"며 당 지도부에 의심의 눈길을 보냈다.

당의 징계방침에 정 부대변인은 "개인의 소신도 못 밝히나. 나와 같은 생각을 가진 사람은 결코 소수가 아니다"라며 물러서지 않았다. 그는 최형우(崔炯佑) 전 의원의 비서 출신으로 내년 총선 출마를 준비 중이다.

한나라 부대변인, '용퇴 대상' 중진 실명 거론

– 2003. 12. 18. 「오마이뉴스」, 최경준 기자

한나라당의 한 부대변인이 18일 공개적으로 영남지역 의원들의 실명을 거론하며 용퇴를 호소해 주목된다. 이는 최근 최병렬 대표의 '영남권 50% 물갈이' 언급 논란과 맞물려 당내에 제2의 물갈이 논쟁을 불러오는 등 적지 않은 파장이 예상된다.

정웅교 부대변인은 이날 당사 기자실에 자신이 지난 10일 영남권 중진 의원 11명에게 보낸 '영남지역 대선배님께 간곡히 드리는 충정의 편지'라는 제목의 이메일 내용을 전격 공개했다.

정 부대변인은 특히 이메일을 받은 '용퇴 대상자' 명단을 실명으로 공개했다. 그동안 당내 소장파 의원들을 중심으로 '60세 용퇴론' 또는 '5·6공 청산론' 등이 제기되기는 했지만, 구체적인 실명이 집단적으로 거론되기는 이번이 처음이다. 이에 앞서 심재철 의원이 김용갑 의원을 향해 '물갈이 대상 1호'라고 직접 거명한 바 있다.

정 부대변인은 이메일에서 "한나라당의 환골탈태를 위해서는 인적쇄신이 있어야 하며, 특히 영남지역에서부터 먼저 이뤄져야 한다"고 주장한 뒤 "아쉽고 미련이 많겠지만, 이제 바통을 후배들에게 후련하게 물려달라"고 호소했다.

정 부대변인이 지목한 용퇴 대상자는 강신성일·김만제·김용갑·김종하·나오연·박재욱·박종근·유흥수·윤영탁·윤한도·이상득 의원이다. 정 부대변인은 대상 선정기준에 대해 "영남권 중진

및 연로한 선배의원들을 골랐다"고 밝혔다.

해당 의원들은 "일일이 대꾸할 가치도 없다"고 일축하면서도, 총선을 앞두고 용퇴 형식을 통한 물갈이 압박이 당내에 본격화되려는 조짐에 우려하는 기색을 감추지 못했다.

한편 한 당직자는 "혼자 언론플레이를 하는 것은 좋지 않다"며 "오히려 중진들의 반발만 불러와 진정한 물갈이에 걸림돌이 될 수 있다"고 지적했다. "물러나라고 하면 정말 물러날 생각이 있던 중진도 물러날 수 없게 된다"는 것. 그러나 또다른 당직자는 "당이 어려운 상황에서 정치 신인이 답답한 심정을 솔직하게 털어놓은 것"이라고 의미를 부여했다.

다음은 정웅교 부대변인이 11명의 영남지역 의원들에게 보낸 이메일 전문이다.

안녕하십니까? 저는 한나라당이 쇄신되어 국민들로부터 신망과 사랑을 받기를 간절히 바라는, 한나라당을 사랑하며 아끼는 한 구성원입니다.

먼저 이러한 외람된 편지를 올리게 되어 죄송스럽게 생각합니다. 지금까지 지역주의 정치상황 속에서 한나라당의 중심 지지기반은 영남지역이었습니다. 영남주민들의 압도적 지지에 힘입어 87년과 92년 정권 재창출에 성공하였으며, 원내 제1당의 지위를 유지해 왔습니다.

그러나 그러한 상황과 조건은 한나라당으로 하여금 자기 개혁과 쇄신에 소홀하게 하였으며, 결국 두 차례의 대선에서 쓰라린 패배를 하게 되었습니다. 작금 한나라당은 위기에 처해 있습니다. 이 위기를 슬기롭게 극복하지 못하면 한나라당은 내년 총선에서 과반 의석은 커녕 원내 제1당마저도 어렵게 될 것이며, 2007년 대선 승리도 요원해질 것입니다.

따라서 한나라당은 환골탈태하여 제2창당을 해야합니다. 이를 위해서는 인적 쇄신이 있어야 하며, 특히 영남지역에서부터 먼저 이루어져야 합니다. 영남은 한나라당의 상징이며 얼굴이기 때문입니다. 영남에서 대대적인 인적 쇄신이 없으면, 설사 이곳에서는 크게 패배하지 않더라도 수도권에서는 한나라당의 설자리가 없게 될 것입니다.

그래서 저는 감히 영남지역 대선배님들께 당과 후진들을 위해 명예롭게 용퇴하실 것을 간곡히 간청드립니다. 당선 가능성을 강조하여 용퇴를 거부하신다면 그것은 설득력이 없는 주장이며 오기이십니다. 우리가 그토록 질타하는 노 대통령의 오기, 독선과 무엇이 다르겠습니까?

불출마 뜻을 피력하신 박관용 의장님, 양정규 의원님, 김용환 의원님, 김찬우 의원님, 주진우 의원님 등 여러분들의 고뇌에 찬 용단을 본받으십시오.

선배님들께서 무슨 큰 잘못이 있어서 용퇴를 간청드리는 것은 결코 아닙니다. 항상 어느 시대든 그 시대정신이 있으며, 그것을 담고 실천하는 중심세력이 있게 마련입니다.

선배님들께서는 80년대 · 90년대에 나라를 위해 나름대로 중심적 역할을 하신 원로들이십니다. 이제 그 바톤을 후배들에게, 아쉽고 미련이 많으시겠지만 후련하게 물려주십시오. 이 나라의 원로로서 후배들의 활동을 지켜보시며 애정어린 성원과 질책을 보내주십시오.

그러시면 오늘의 중심 세대는 또 다음 세대들에게 같은 방법으로 그 역사의 바톤을 선뜻 넘겨줄 것입니다. 결국 선배님들께서 아름다운 전통의 기틀을 마련하여 주신 그 살신성인의 용단은, 한국 정치사의 한 장으로 당당히 기록되고 후배들에게 길이길이 회자될 것입니다.

저의 이러한 외람된 주장으로 여러 선배님들께 심려를 끼쳐드리고 결례를 하게 된 점 너그럽게 용서하여 주시기 바랍니다. 안녕히 계십시오.

2003년 12월 10일

젊은정치포럼21 대표 정웅교 올림

김용갑, 김만제, 나오연 등 11명 물러나라

- 2003. 12. 18. 「프레시안」 박재한 기자

한나라 정웅교 부대변인, 영남 중진 11명 퇴진 요구

한나라당의 한 정치 신인이 영남권 중진 의원 11명의 실명을 거론하며 퇴진을 요구하는 e메일을 보낸 사실이 18일 밝혀져 한나라당 내 파문이 일고 있다. 그간 소장파 의원들을 중심으로 5, 6공 인사의 퇴진을 요구한 적은 있었지만, 이번 경우처럼 실명을 들어가며 퇴진을 요구한 적은 처음이다.

김용갑, 나오연, 김만제 등 11명 물러나라

메일을 보낸 주인공은 한나라당 정웅교 부대변인으로, 한나라당 소장파 모임인 미래연대 운영위원이고, 시흥에서 2004년 총선 출마를 준비중이다. 정 부대변인은 영남권 중진 의원 11명의 퇴진을 요구하는 e메일을 지난 10일 해당 의원에게 보냈다고 밝히고, 그 내용을 18일 언론사에 공개했다. 정 부대변인이 지목한 퇴진 대상 의원은 강신성일, 김만제, 김용갑, 김종하, 나오연, 박재욱, 박종근, 유흥수, 윤영탁, 윤한도, 이상득 의원이다.

한나라당 얼굴인 영남에서 환골탈태 이뤄져야

정 부대변인은 "한나라당이 위기에 처해 있어 제2창당을 해야 한다"며 이를 위해서 "한나라당의 상징이며 얼굴인 영남지역에서 환골탈태가 이뤄져야 한다"고 주장했다. 정 부대변인은 "영남에서 대대적인 인적 쇄신이 없으면, 설사 이곳에서는 크게 패배하지 않더라도 수도권에서는 한나라당의 설자리가 없게 될 것"이라며 "영남지역 대선배들께 당과 후진들을 위해 명예롭게 용퇴하실 것을 간곡히 간청드린다"고 말했다. 정 부대변인은 "당선 가능성을 강조하여 용퇴를 거부한다면 그것은 설득력이 없는 주장이며 오기"라고 말한 뒤, "우리가 그토록 질타하는 노대통령의 오기, 독선과 무엇이 다르겠나"라고 덧붙였다. 정 부대변인은 의원들에게 이미 용퇴의사를 밝힌 박관용, 양정규, 김용환, 김찬우, 주진우 의원을 본받으라고 말한 뒤, "선배들은 80, 90년대에 이미 나라를 위해 중심적 역할을 했으니, 이제 그 바톤을 후배에게 넘겨 달라"며 "아쉽고 미련이 많겠지만 후련하게 물려 달라"고 거듭 요구했다. 정 부대변인은 대상선정기준에 대해 "영남권 중진 및 연로한 선배의원들을 골랐다"고 밝혔으나 단순히 나이만을 기준으로 한 게 아니라 비리연루자나 수구적 이미지의 인물도 포함시킨 것으로 보인다는 게 당 주변의 반응이다.

영남중진 11명에 "용퇴를" 전자우편

– 2003. 12. 18, 「한겨레신문」, 정재권 기자

한나라당이 18일 영남권 중진들의 실명을 거론하며 용퇴를 공개적으로 요구한 당직자의 이-메일로 하루종일 소란스러웠다. 정웅교 한나라당 부대변인은 이날 자신이 영남권 중진의원 11명에게 보낸 '영남지역 대선배님께 간곡히 드리는 충정의 편지'라는 이-메일 내용을 공개했다. 정 대변인은 이 편지에서 "영남의 압도적 지지로 1987년과 1992년에 정권 재창출에 성공했고, 원내 제1당의 지위를 유지했다"며 "하지만 그런 상황은 한나라당으로 하여금 자기 개혁과 쇄신에 소홀하게 해 결국 두 차례의 대선에서 쓰라린 패배를 했다"고 주장했다. 그는 라당은 환골탈태해 제2 창당을 해야 하며, 이를 위해선 먼저 영남지역의 인적쇄신이 필요하다"고 강조한 뒤, "아쉽고 미련이 많겠지만 이제 바통을 후배들에게 후련하게 물려달라"고 용퇴를 호소했다. 정 부대변인은 특히 당내 소장파 의원들이 '60살 용퇴론' '5·6공 청산론' 등으로 용퇴 대상을 두루뭉술하게 지목한 것과 달리, 강신성일, 김만제, 김용갑, 김종하, 나오연, 박재욱, 박종근, 유흥수, 윤영탁, 윤한도, 이상득 의원 등 11명을 직접 거명했다. 이런 탓에 당 안에선 "일종의 '상향식 살생부' 아니냐"며, 당의 공천 물갈이에 어떤 영향을 미칠지 주목하고 있다. 거명된 의원들은 모두 65살 이상이다.

한나라 부대변인, 특정 영남중진 용퇴

- 2003. 12. 18, 「MBCNEWS」, 김효협 기자

한나라당의 부대변인이 일부 영남권 중진의원의 이름을 거명하며 용퇴를 촉구하는 이메일을 보내 파문이 일고 있습니다. 정웅교 부대변인은, "영남지역 대선배님들께 간곡히 드리는 충정의 편지"라는 제목의 메일에, "한나라당의 얼굴인 영남에서 대대적인 인적쇄신이 이뤄지지 않으면 영남은 몰라도 수도권에서는 한나라당이 설자리가 없다"며 "당과 후진들을 위해 명예롭게 용퇴해달라"고 말했습니다. 이 같은 내용의 이메일은 지난 10일 영남권 중진 의원 11명에게 일괄적으로 발송됐고, 정부대변인은 오늘 사본을 기자실에 배포했습니다. 이에 대해 박진 대변인은 "당 대변인실과는 무관한 일이며 당차원에서 정 부대변인에 대한 징계여부등을 논의할 것"이라고 말했습니다.

정웅교

- 강원도 삼척에서 출생

- 학력
  서울대학교 외교학과 졸업
  연세대학교 대학원 졸업(정치학 석사)
  강릉고등학교 · 도계중학교 · 심포초등학교 전교 수석

- 경력
  평화 · 복지 · 공동체포럼 상임대표(현)
  한국산림안전협회 공동대표(현)
  민주평화통일자문위원(현)

  〈한나라당〉
  대표최고위원 특별보좌역(상근)
  부대변인
  제2정책조정위원회 부위원장
  여의도연구소 비전위원회 자문위원
  정치발전위원회 부위원장
  대외협력위원회 간사 겸 기획분과위원장
  2006년 전국지방선거 경기도당 공천심사위원
  경기도당 부위원장
  양극화해소 추진위원
  전략기획위원

  최형우 내무부장관 특별보좌역
  정보엑스포 '96 추진위원회 사무부총장
  국회 정보화정책연구회 정책연구실장
  21세기정보화전략연구소 부소장 겸 연구위원

  경기도축구연합회 자문위원장
  서울대학교 민족통일연구회 회장
  서울대학교 총동창회 이사

한국정치의 안과 밖

그 허상과 반칙을 넘어서

초판인쇄	2012년 2월 1일
초판발행	2012년 2월 1일

지 은 이	정웅교
펴 낸 이	채종준
펴 낸 곳	한국학술정보(주)
주　　소	경기도 파주시 문발동 파주출판문화정보산업단지 513-5
전　　화	031) 908-3181(대표)
팩　　스	031) 908-3189
홈페이지	http://ebook.kstudy.com
E - mail	출판사업부 publish@kstudy.com
등　　록	제일산-115호(2000.6.19)

I S B N	978-89-268-3088-8 03070 (Paper Book)
	978-89-268-3089-5 08070 (e-Book)

이담 Books 는 한국학술정보(주)의 지식실용서 브랜드입니다.